Martina Nohl

Achte gut auf diesen Tag

Eine Erzählung über den Sinn des Lebens

Achte gut auf diesen Tag,
denn er ist das Leben –
das Leben allen Lebens.
In seinem kurzen Ablauf liegt alle seine
Wirklichkeit und Wahrheit des Daseins,
die Wonne des Wachsens,
die Größe der Tat,
die Herrlichkeit der Kraft.
Denn das Gestern ist nichts als ein Traum
und das Morgen nur eine Vision.

Das Heute jedoch, recht gelebt,
macht jedes Gestern
zu einem Traum voller Glück
und jedes Morgen
zu einer Vision voller Hoffnung.

Darum achte gut auf diesen Tag.

Dschalāl ad-Dīn Muhammad Rūmī

Liebe Marie,

du ziehst jetzt in die weite Welt und ich freue mich für dich. Wie du dir vielleicht denken kannst, fällt es mir aber auch schwer, dich gehen zu lassen. Du und dein lautes Lachen werden mir fehlen und deine besonderen Kochkreationen. Unsere Kuschelstunden auf dem Sofa, wenn wir Weibergespräche geführt haben, werde ich vermissen und selbst das Chaos, das du überall in unserem Häuschen verbreitet hast, fehlt mir schon jetzt.

Nun, da du auf eigenen Füßen stehen wirst, wollte ich dir etwas mitgeben: Ich habe vor vielen Jahren einen ganz besonderen Tag erlebt, der mein Leben umgekrempelt hat. Hätte es diesen Tag nicht gegeben, wäre alles ganz anders (und sicher nicht besser) gekommen. Ich bin auch jetzt, wenn ich das hier schreibe, noch so dankbar für diesen Tag, dass mir die Tränen kommen. Lies einfach das kleine Buch, das ich dir mitschicke, lass dich mitnehmen und achte gut auf diesen Tag.

I

Brich mal wieder aus deinem Leben aus und trau dich was.

Wo ist denn hier die Schuhabteilung, fragte ich mich mit Blick auf die Uhr. Ich liebte dieses Kaufhaus mit seinen sensationell gestalteten Stockwerken – jedes in einem anderen Design und einer anderen Farbwelt. Es war allein ein Genuss, die Rolltreppe in der Mitte mit dem vielen Freiraum nach oben zu fahren. Wenn ich hier gefühlt hochschwebte, hatte ich jedes Mal das Gefühl, es wäre alles gut, oder zumindest, es könnte alles gut werden. Finn, mein ach so sparsamer Göttergatte, meinte neulich, hier sei sicher alles 20 Prozent teurer. Das war mir jetzt gerade mal egal. Heute war einer dieser bescheuerten Tage, heute musste ich mir etwas gönnen!

Die Kinder hatten uns schon um halb sechs aus dem Bett geworfen, weil Lasse Marie „als Experiment" ein Büschel Haare ausgerissen hatte – im Schlaf, damit sie's nicht merkt. Das Büschel hielt er noch wie eine Trophäe in der Hand. Marie hatte ihm daraufhin seine heiligen Pokémon-Karten zerschnitten. Es war ein unglaublicher Kraftakt gewesen, die beiden überhaupt in Kindergarten und Schule zu verfrachten. Dann hatte ich schon eine Runde Großeinkauf bei Aldi und im Bauhaus hinter mir. Immer auf der Suche nach den günstigsten Produkten. Ja, wir mussten aufs Geld schauen, damit wir die Raten immer schön weiterbezahlen konnten. Jawoll, mein Göttergatte und ich arbeiteten hart für unser grandioses Reihenhäuschen in einem Vorort von Frankfurt, den man nicht mit Namen kennen musste.

Ich schaute auf die Uhr. Eine halbe Stunde blieb mir noch, bevor ich Lasse vom Kindergarten und Marie von der Schule abholen musste. Ich war mir nicht sicher, ob das Theater nicht heute Mittag weitergehen würde. Und ich brauchte dringend Schuhe. Meine ausgelatschten Rieker machten jedenfalls nicht mehr viel her – okay, hier war ich richtig. Damenschuhe, soweit das Auge reichte. Ich nahm mir fest vor, diesmal keine bequemen Treter zu kaufen. Dieses Mal würde ich Schuhe kaufen, die ich tragen würde, wenn alles und vor allem ich ganz anders wäre. „Haben Sie den auch in 41?", fragte ich und hielt einen hellblauen Stiletto hoch. Die Verkäuferin lächelte müde und machte sich auf die Suche. Ja, ich weiß, 41 war schon am Rande der Norm, aber konnte ich etwas dafür, dass ich mit meinen 1,60 Metern Schuhgröße 41 hatte?

Oh Gott, hier, der wär's!, seufzte ich innerlich. Dieser D'Orsay sah nicht nur elegant aus, es fühlte sich an wie nach Hause kommen, als er sich ganz mühelos und zärtlich an meinen Fuß schmiegte. 269 Euro? Ja hatten die sie noch alle? Wer konnte sich denn das leisten? Ich beschloss, mir dennoch den zweiten bringen zu lassen, heute war mein Schuhtag, basta. „Könnten Sie mir bitte hier noch den anderen bringen? Ach, den Hellblauen gibt es nicht mehr in 41, wie schade! Aber diesen hier, den gibt es in 41, das weiß ich ganz bestimmt!" Ich schaute der Verkäuferin hypnotisierend in die Augen, keine Ahnung, vielleicht half das. Sie drehte genervt auf ihrem Slingback um und machte sich wieder auf den Weg. Derweil bewunderte ich die mattschimmernde Oberfläche des weiß-roséfarbenen Schuhs. Sah aus wie der Lotus-Lack, den Finn bei unserem nächsten Auto unbedingt haben wollte. War sicher auch kindertauglich, weil der Dreck ja abperlte, haha.

Hier wären noch ein paar funktionalere Chelseas, damit konnte ich auch mal mit Lasse Fußball spielen, aber irgendwie hatte ich mich heute in den D'Orsay verguckt. Damit durch Paris flanieren, das wäre ein Traum. Aber mein Paris-Gutschein von vor zwei Jahren von Finn schlummerte immer noch geduldig in der Schublade. Entweder meine Eltern hatten keine Zeit, die Kinder zu nehmen oder Finn musste mal wieder am Samstag eine Extraschicht einlegen. So wurde das nie etwas – auch nicht mit unserer Ehe. Wo bleibt die Verkäuferin denn nur, stöhnte ich, ich musste los. Verflixt, ich kam eh schon zu spät. Ah, da kam sie endlich – und jaaa! Sie hatte meinen Schuh in der Hand, sie trug ihn wie eine Trophäe vor sich her. So heilig ist er jetzt auch wieder nicht, oder doch?, dachte ich. An ihren Schuhen sollst du sie erkennen, stand das nicht schon in der Bibel?

„Bitte sehr, Ihr Schuh. Sie haben gesehen, dort finden Sie die Strümpfchen, bitte nicht barfuß unsere Schuhe anprobieren."
„Ja, kein Problem, vielen Dank."
„Kann ich sonst noch etwas für Sie tun?"
„Nein danke, ich komme schon zurecht." Nach unserem kurzen Wortwechsel stöckelte die Verkäuferin davon mit ihrer Konfektionsgröße 36 und den farblich zum Kostüm geschminkten Lippen. Na ja, man konnte einfach nicht alles haben. Aber ich hatte diesen D'Orsay, der echt ein Traum, aber definitiv zu teuer war. Auch im Spiegel sah er wirklich gut aus an meinem Fuß. Nur die „Strümpfchen" störten das Bild. Ich musste ihn einfach mitnehmen, auch wenn es nicht vernünftig war.

Wo ist sie denn, die Dame? Ach, Schwätzchen halten, na klar, ist ja sonst auch zu langweilig hier. Soll ich? Da ist doch keinerlei Teil dran, was piepsen wird, oder doch? Hilfe, ich hab noch nie was geklaut – aber warum eigentlich nicht! Irgendwie sind das meine Schuhe, auch wenn gerade Ebbe in der Kasse ist. Gell, ihr wollt zu Mamanina – habe ich doch gewusst. Meine Gedanken rasten wie eine Affenbande hin und her, mein Herz klopfte schneller und ich fühlte, wie mir die Hitze ins Gesicht kroch. Was tat ich denn da, war ich noch bei Trost? Aber als würde ich auf Autopilot fahren, schaute ich nach rechts und links, niemand schien mich zu beobachten – und versenkte die Schuhe in meiner Großraum-Handtasche. Endlich wusste ich, wozu ich immer so einen Monster-Shopper mit mir herumschleppte.

Mit inzwischen bis zum Hals pochenden Herzen stiefelte ich in meinen alten Schuhen so schnell wie möglich in die entgegengesetzte Richtung zum Ausgang. Den Karton hatte ich noch unauffällig ins Regal geschoben, in der Hoffnung, dass die Dame so stark in ihr Gespräch involviert war, dass sie keinen Verdacht schöpfte. Gleich war ich draußen, jetzt wurde es aber auch höchste Zeit, die Kinder warteten vermutlich schon. Als Kind war es sicher demütigend, wenn man als letztes abgeholt wurde, so als wollte einen keiner haben.

Was war denn das für ein Geräusch? Oh Gott, meine Schuhe hatten doch was drin! Ich schimpfte mit mir: Das kommt eben davon, wenn man keine Ahnung von Technik hat, sicher so ein Chip. Und was sollte ich jetzt machen? Ich blickte mich wie ein gehetztes Reh nach einem Fluchtweg um. Doch da kam bereits ein freundlich lächelnder Herr der Security auf mich zu, erkennbar an seiner adretten Uniformjacke.
„Dürfen wir einen Blick in Ihre Tasche werfen, sicher handelt es sich um ein Missverständnis?"
Ich nickte ergeben, während sich mir vor Scham alle Körperhärchen aufstellten und ich spürte, wie die brennende Hitze in mein Gesicht stieg. Er hob eine Augenbraue, als er die weiß schimmernden Schuhe entdeckte. Diese leuchteten verräterisch wie ein Fremdkörper aus den Untiefen meiner Tasche heraus. Sein Blick war nun nicht mehr freundlich.
„Ich muss Sie bitten mitzukommen, außer Sie haben einen Kassenzettel?"

„Entschuldigen Sie, ich habe es wirklich eilig und müsste in dem Moment meine Kinder abholen. Hier ist meine Kreditkarte, können wir das nicht einvernehmlich regeln?" Schon während ich es aussprach, fand ich mich selbst ganz unausstehlich. Aber ich hatte es wirklich eilig. So ein Mist, was hatte ich mir nur dabei gedacht? Und das jetzt noch Finn erzählen, und wenn die Kinder es mitbekamen, während Muttern täglich versuchte, ihnen Anstand und Ehrlichkeit beizubringen, Hilfe! Am liebsten hätte ich meinen Kopf gegen eine Wand geschlagen, wie konnte ich nur so bescheuert sein!

Der Security-Mann nahm mich am Arm, drückte ein wenig das Fleisch über meinem Ellbogen zusammen, genauso wie ich mir das immer in den Filmen vorstellte. Musste das sein? Ich versuchte, mich unauffällig zu befreien, aber er drückte gleich fester. Die Vorstellung war doch lächerlich, dass ich davonrennen würde. Sah doch jeder, dass ich nicht gerade sportlich war mit meinen zehn Kilo zu viel auf den Rippen. Da blieb mir nur, meine letzte Würde zusammenzukratzen. Ich richtete mich auf und hielt meinen Kopf so gerade ich konnte und sah nicht nach links und rechts. Sicher musterten uns bereits die ersten Gaffer. Ich würde auch diese megapeinliche Situation überleben. Ich war schließlich eine gestandene Frau, die schon vieles im Leben überlebt hatte.

Oh nein, vielleicht musste Finn mich hier abholen, oder sie riefen sogar die Polizei? Vielleicht verlor ich sogar meinen Job, sowas konnte schon zu einer Kettenreaktion führen, die mein Leben total aus der Bahn werfen würde! Aber welches Leben eigentlich? Die Gedanken rasten wie ein Hochgeschwindigkeitszug durch meinen Kopf, während wir im gläsernen Aufzug nach oben fuhren. Zwölf Stockwerke hatte dieses Kaufhaus. Sonderbar, von außen kam es mir viel niedriger vor.

II

Nimm dankbar an, was das Leben dir in den Weg stellt und an Möglichkeiten bietet.

Wir traten aus dem Aufzug. Hier befanden sich keine Verkaufsräume mehr, aber die Flure und abgehenden halb offenen Räume wirkten noch schicker als unten. Wenn ich könnte, würde ich am liebsten versinken mit meiner leicht angeschmuddelten Jeans. Sicher roch ich inzwischen auch nach kaltem Angstschweiß. Ich passte hierher wie eine billige Leuchtreklame in einen Zen-Garten. Der Mann bat mich, durch eine dunkelgraue Rauchglastür zu treten. Spöttisch sagte er: „Hier, die Dame möchte zu Ihnen. Ich überlasse sie Ihren zauberhaften Händen." Hinter dem Schreibtisch saß eine elegante Frau, die nun von ihrem Laptop aufschaute und mich kurz prüfend, aber nicht unfreundlich musterte.
„Danke, Henning, Sie können gehen."
Er nickte und drehte ab. Ließ es sich aber nicht nehmen, mir noch mal kurz in den Arm zu zwicken!

Die Dame stand auf und gab mir die Hand. Ihr Händedruck fühlte sich fest und trocken an. Dieser Hand kann man vertrauen, dachte ich. Tja, mir leider nicht mehr. Ich war jetzt eine Diebin Hatte ich schon ganz vergessen, weil hier alles so schick war. Ich schaute ihr ein wenig trotzig in die Augen oder wollte es zumindest tun Eigentlich war mir aber gar nicht wohl in meiner Haut.

„Lassen Sie doch mal sehen", sagte sie. Und ich wusste sofort, was sie meinte. Ich reichte ihr die D'Orsays, die man mir interessanterweise nicht abgenommen hatte. „Gute Wahl", nickte sie, „aber überteuert." Fast hätte ich gegrinst.

„Tja, was machen wir jetzt mit Ihnen?", sie schaute mich prüfend an, als wollte sie auf den Grund meiner Seele schauen, obwohl ich mir nie sicher war, ob ich eine hatte, aber das war ein anderes Thema. Wollte sie mich testen oder sich über mich lustig machen? Bestimmt gab es ganz klare Regeln, wie in so einem Fall verfahren wurde. Ich hoffte, es ging glimpflich aus, war das noch so was wie ein Bagatelldelikt? Irgendwo hatte ich mal im Fernsehen gehört, dass da die Grenze aber bei 50 Euro lag, warum musste ich auch so einen teuren Geschmack haben. „Setzen Sie sich." Sie wies mit ihren manikürten schlanken Händen auf eine modern aussehende Polstergarnitur in der Ecke. Ich ließ mich umständlich in einem der bequemen Sessel nieder und ärgerte mich, dass meine Füße nicht auf den Boden reichten und meine Treter in die Luft ragten. Du solltest dir jetzt wirklich Gedanken machen, wie du aus der Situation wieder rauskommst, stöhnte ich innerlich, nicht, welche Figur du hier machst.

„Es tut mir leid, dass ich die Schuhe habe mitgehen lassen. Das ist das erste Mal in meinem Leben, dass mir so

etwas passiert. Ich war in Eile und es war vermutlich eine Kurzschlusshandlung." Ich stützte den Kopf in die Hände. „Außerdem ist heute irgendwie nicht mein Tag."
„Wann war denn Ihr letzter Tag?", sie wandte sich mir interessiert zu. Wir saßen uns schräg gegenüber. Sie hatte die Beine in ihrer schimmernden schwarzen Hose überschlagen, die mit ihrem seidigschwarzen Pagenschnitt um die Wette glänzte und trug eine Art Uniformjacke. Wer war sie überhaupt? Zur Geschäftsführerin würde man mich nicht gleich gebracht haben. Ich nahm die Hände wieder weg und versuchte einen Blick auf ihr Schild am Revers zu erhaschen. "Senior Agent" konnte ich lesen, der Name war verdeckt.

„Nennen Sie mich Leila", sagte die Dame freundlich.
„Ich bin Nina", erwiderte ich.
Sie nickte: „Ich weiß." Woher sie das nun wusste? Schließlich stand mein Name nicht auf den Schuhen, aber heutzutage mit diesen Chips überall war alles möglich. Vielleicht trug sie Google-Kontaktlinsen und durchstöberte gerade augenzwinkernd mein Profil? Sie sah mich immer noch unverwandt an. „Nina, wann war Ihr letzter guter Tag?"
Sie ließ nicht locker, also begann ich nachzudenken. Der Geburtstag von Marie vielleicht im März, aber nein, die Schwiegereltern waren so bissig gewesen, nichts war ihnen recht. Oder als Lasse heil aus seiner Blinddarm-OP aufgewacht war, da war ich so glücklich. Allerdings hatte es abends noch diesen Streit mit Finn gegeben. Worum es ging, hatte ich tatsächlich vergessen, aber dass er heftig war, daran erinnerte ich mich. Tja, wenn ich so richtig überlege, fiel mir kein Tag ein, an dem ich mich von

morgens bis abends gut gefühlt hatte, sodass es mein Tag gewesen wäre. Schon merkte ich, wie mir das Wasser in die Augen stieg. Nein, nicht auch das noch. Du wirst jetzt nicht anfangen zu heulen, ermahnte ich mich. Ich schluckte meine Traurigkeit so gut es ging herunter, sah die Agentin an und sagte: „Ich kann mich leider nicht erinnern."
Sie nickte wieder.

Was war das hier? Konnte sie nicht endlich zur Tat schreiten, mich zu einem Bußgeld verdonnern, die Polizei rufen oder was auch immer bei Ladendiebstählen so üblich war? Ich schaute auf die Uhr, da fiel es mir siedend heiß wieder ein. Jetzt war ich schon über eine halbe Stunde zu spät. Meine armen Kinder! „Hören Sie, ich habe gesagt, wie leid es mir tut. Können Sie mir sagen, was ich tun muss, um hier schnellstmöglich wieder herauszukommen, ich muss dringend meine Kinder abholen." Ich merkte, wie sich diese Flecken an meinem Hals ausbreiteten, die ich immer bekam, wenn ich wirklich unter Stress stand. Das konnte sie sicher auch sehen. Aber nein, sie hatte die Ruhe weg.
„Darf ich Ihnen einen Kaffee anbieten, Cappuccino oder einen Latte macchiato vielleicht?"

Hatte ich mich nicht klar ausgedrückt? „Ich weiß nicht, wieso Sie sich mit mir so viel Zeit lassen, ich habe leider keine. Bitte lassen Sie mich jetzt gehen. Vielleicht wissen Sie, wie es ist, wenn die Kinder auf einen warten." Täuschte ich mich oder war eben ein dunkler Schatten über ihr ansonsten so makelloses Gesicht gehuscht?
„Nein, ich weiß es leider nicht mehr. Aber ich kann Sie beruhigen, für Ihre Kinder ist gesorgt", sagte sie.

„Wie bitte? Ich verstehe nicht. Wo sind sie, wer hat sie abgeholt?"
„Wir haben Ihren Mann kontaktiert und ihn gebeten, heute ausnahmsweise früher Feierabend zu machen." Ungläubig starrte ich die Agentin an. Wie konnte sie das alles schon erledigt haben, sie kannte mich doch gar nicht? Was war hier los?
„Und – hatten Sie Erfolg?", fragte ich zynisch.
Sie nickte. „Wir haben ihm gesagt, dass Sie einen wichtigen Geschäftstermin haben." Sie lächelte jetzt etwas breiter. „Ich kann sehr überzeugend sein, wenn ich will, wissen Sie." Jetzt nickte ich, das glaubte ich ihr gerne. Nun gut, es geschahen noch Zeichen und Wunder, aber ich war gespannt, was ich mir dann heute Abend anhören durfte, wenn die wahre Geschichte auf den Tisch kam. Und woher sie nun auch noch seine Geschäftsnummer hatte, die Sache wurde immer rätselhafter. Aber ich merkte, dass mich das reizte, ich war schon immer neugierig gewesen und wollte nun gerne wissen, was das hier alles sollte.

„Also, was darf ich Ihnen anbieten? Sehen Sie es einmal so: Wir beide haben jetzt ein wenig gemeinsame geschenkte Zeit, also können Sie sich auch einfach entspannen und die Situation genießen."
Ich sollte diese Situation genießen, peinlich beim ersten Coup meines Lebens erwischt worden zu sein? Na, die Frau hatte Humor. Ich setzte mich so aufrecht wie möglich hin. „Einen Latte bitte." Prompt stand sie auf und ging zu einem modernen Vollautomat, der in der Ecke glänzte und gleich zu zischen anfing, als die Milch aufgeschäumt wurde. Ich konnte Leila, die Agentin, von hinten ungestört

mustern. Ihr Alter war extrem schwierig zu schätzen, sie hätte ungefähr so alt wie ich sein können, also Anfang 40, vielleicht war sie aber auch schon 55. Ihre Haut war leicht gebräunt, sehr glatt und sie wirkte so ungemein gepflegt, dass sie im Gegensatz zu mir wunderbar in diese edle Bürosuite passte. Der Blick durch die bodentiefen Fenster war atemberaubend. Man konnte die Skyline Frankfurts sehen mit dem Messeturm und dem Henningerturm mit seinem runden Aufsatz.

Als sie mit dem Latte macchiato zur Sitzecke lief, fiel mir auf, dass sie die gleichen D'Orsays nur in Schwarz trug, die mich ins Verderben getrieben hatten. Konnte das ein Zufall sein? Sie stellte den Latte mit einigen Zuckerstäbchen vor mich hin und vor sich einen Espresso. Ich holte tief Luft und unternahm einen neuen Versuch, die Lage zu klären. „Vielen Dank für den Kaffee. Ich möchte Sie aber gar nicht so lange aufhalten. Sagen Sie mir doch einfach, wie die weitere Vorgehensweise ist, dann bin ich auch gleich wieder weg."
Sie sah mich aus ihren nugatbraunen Augen, die einen warmen Glanz bekommen hatten, lange an. „Vielleicht möchte ich gar nicht, dass Sie gleich wieder weg sind. Vielleicht können wir uns auch einfach erst mal kennenlernen. Ihre Kinder sind versorgt, wie Sie gehört haben. Sonst haben Sie heute Nachmittag nichts vor. Also wie ich schon sagte, entspannen Sie sich. Sie haben es sich verdient."

Mir fielen fast die Augen aus dem Kopf. Ich hatte mir es verdient? Also gut, dieses Kaufhaus war einfach grandios, wenn das der berühmte Kundenservice war, dass selbst die

Ladendiebe mit unglaublicher Zuvorkommenheit bedient wurden. Aber da war doch etwas faul. Woher wusste sie, dass ich heute Nachmittag nichts vorhatte? Außerdem stimmte das so nicht ganz. Ich musste mit Marie Mathe lernen und das war immer ein großes Vorhaben. Ich nahm einen Schluck von meinem Latte und musste unwillkürlich grinsen, als ich mir Finn mit Marie und ihren Matheaufgaben vorstellte. Er würde schon nach fünf Minuten aus der Haut fahren, weil er es schlicht nicht für möglich hielt, dass man den Zehnerübergang nicht verstehen konnte.
„Worüber lachen Sie?"
„Ach, ich dachte gerade an meinen Mann und meine Tochter, die sich dann heute mit den Hausaufgaben vergnügen können."
„Ja", seufzte sie, „es wird ihnen guttun, mal wieder ein wenig Zeit zusammen zu verbringen."

„Hören Sie, ich weiß nicht so genau, was hier gespielt wird. Ich danke Ihnen recht herzlich für Ihre Freundlichkeit, aber irgendwas läuft hier sehr sonderbar. Woher kennen Sie mich und meine Familie und was gibt Ihnen das Recht, sich in unser Leben einzumischen?" Ups, das kam jetzt viel härter und unfreundlicher heraus, als ich wollte, schließlich hatte sie mir bisher nichts getan.
„Sehen Sie, das ist vielleicht Teil Ihres Problems, dass Sie gerade nicht annehmen können, was mit Ihnen geschieht."
„Ich habe kein Problem", schnauzte ich, bevor ich mich wieder erinnerte, dass jemand, der im Büro der obersten Kaufhausdetektivin saß, vielleicht schon ein Problem hatte.

„In meinen Augen haben alle Menschen, die sich nicht mal an einen rundum guten Tag in ihrem Leben erinnern können, ein Problem." Sie sah mich weiter unbeirrt freundlich und aufmerksam an. Diese Leute sind aber auch so was von geschult, dass sie sich auch gar nicht aus der Ruhe bringen lassen, dachte ich. Aber vermutlich war ich auch nur ein kleiner Fisch und sie hatte hier schon ganz andere Schwergewichte sitzen gehabt.

„Jeder wiegt gleich schwer im Leben", sagte sie. Mir lief es kalt den Rücken herunter. Das hatte jetzt aber schon nichts mehr mit gut geschult zu tun. Hatte sie eben wirklich meine Gedanken gelesen? „Bin ich wirklich so ein offenes Buch für Sie", fragte ich vorsichtig. „Wie machen Sie das, über die Mimik oder so?"
„Nein, tatsächlich kennen wir unsere Kundinnen sehr gut." Also doch so eine Datensammelgeschichte. Ich überlegte, was ich alles schon hier gekauft hatte. Eigentlich nicht viel, einmal ein Seidentuch für die liebe Schwiegermutter, eine Uhr für Finn zu Weihnachten, ein paar Häppchen in der Delikatessenabteilung. Apropos Häppchen, ich hörte deutlich meinen Magen grummeln pünktlich zur Mittagszeit. Also, grübelte ich weiter, aus den paar Daten ließ sich wohl kein vollständiges Profil von mir und meiner Familie erstellen. Aber wer weiß, vielleicht kauften sie die Daten ja auch von Amazon oder so?

Leila war aufgestanden und sprach ein paar Worte in ihr silbermattes Telefon. Sie wandte sich mir wieder zu. „Es ist uns eine Ehre, auch in diesen Problemen für Sie da zu sein."

„Und die Schuhe?", fragte ich zögerlich.
„Die Schuhe sind Ihr kleinstes Problem. Nehmen Sie sie als Geschenk des Hauses. Sehen Sie sie einfach als etwas, womit Sie – wenn Sie das wollen – in Ihr neues Leben laufen können."
Was? Sie schenkte mir die Schuhe?! Ich war sowas von den Socken oder sollte ich sagen „Strümpfchen", dass mir jetzt tatsächlich in einem unkontrollierten Moment die Tränen über die Wangen liefen. Wer hatte mir denn in den letzten Jahren einfach unverhofft etwas geschenkt? Und das noch in dieser Situation. Ich glaubte es einfach nicht. Sie reichte mir ein Taschentuch und dann noch eins. Es war, als wären alle Schleusen geöffnet, und ich weinte und schluchzte plötzlich, dass ich mich selbst nicht wiedererkannte. Ich wusste nicht, wie lange das so ging, sicher eine halbe Stunde. Leila saß einfach nur dabei, sagte kein Wort und lächelte gütig. Ja, gütig war wohl der richtige Ausdruck, so als wäre es nicht völlig schräg, dass eine kleine Diebin hier ein Taschentuch nach dem anderen vollheulte, während die hoch bezahlte Agentin keinen Telefonanruf empfing und nicht sichtbar ungeduldig auf ihre Arbeit schielte. Mir schien, ich weinte um mein Leben, um meine eigene Jämmerlichkeit, um ein unverhofftes Geschenk und was sich da wohl sonst noch alles angestaut hatte.

III

Geh gelegentlich in dich und überlege dir, was du wirklich, wirklich willst. Denke von der Zukunft her.

Die Tür ging auf und es erschien ein junger Mann, vielleicht Ende 20 mit tiefschwarzen gelockten Haaren und stellte ein Tablett mit Petit Fours und anderen kleinen Köstlichkeiten auf den Tisch der Sofaecke, bei denen mir sofort das Wasser im Mund zusammenlief. Leila wies mit der Hand darauf. „Nina, bedienen Sie sich. Mit dem hungrigen Wolf, der in Ihrem Bauch tobt, sind wir nicht arbeitsfähig."

Arbeitsfähig, was meinte sie jetzt damit? Wollte sie mich meine Schulden hier direkt abarbeiten lassen? Deswegen auch der geschäftliche Termin? Warum eigentlich nicht, das war nicht die schlechteste Lösung in meinen Augen. Obwohl sicher nicht allen unfreiwilligen Mitarbeitern erst mal ein Tablett mit Köstlichkeiten gereicht wurde, bevor sie hier ihren Dienst antraten.

Leila reichte mir ein Tellerchen und eine Serviette und ich ließ mich nicht lang bitten und steckte ein grüngolden schimmerndes Etwas in meinen Mund. Verzückt musste ich die Augen schließen, als meine Geschmacksknospen zu

tanzen anfingen. Dieser Geschmack war so frisch, so rund und mit ein wenig gerösteter Haselnuss im Abgang, dass ich schon lange nichts Besseres gegessen hatte. Ich öffnete die Augen und sah, dass mich Leila intensiv beobachtete.
„So muss das Leben sein", seufzte ich.
„Wie genau, beschreiben Sie doch mal."
„Ja, so frisch, so unvergleichlich einzigartig komponiert, so leicht und auch so lecker. Genauso wünsche ich mir mein Leben."
„Und wie ist es jetzt gerade?"

Ich schaute nachdenklich durch die Glasfront. Das war schon eine verflixt persönliche Frage. Aber nachdem ich Leila etwas vorgeheult und mich durch den Schuhdiebstahl sowieso schon entblößt hatte, kam es da jetzt auch nicht mehr darauf an. Ich lehnte mich zurück. „Vielleicht eher wie ein trockener in die Jahre gekommener Keks? Etwas krümelig, die Schokostückchen muss man suchen und auch das Schlucken ist etwas anstrengend geworden."

Sie lächelte. „Ich kenne diese Kekse, sie sollten wirklich abgeschafft werden. Aber Nina, wenn ich nachfragen darf, wie ist es denn zu diesem trockenen Keks gekommen? Sie sind eine attraktive Frau, Sie haben zwei quicklebendige Kinder, einen Mann, ein Häuschen. Das hört sich doch erst mal wenig trocken, sondern nach dem vollen Leben an."
Ich nahm mir zur Stärkung noch ein glänzendes kleines Hefeteilchen, das eine aromatische Marzipan-Pinienkernen-Füllung präsentierte, als ich beherzt hineinbiss. „Köstlich, mhhh."

Leila sah mich weiterhin so aufmerksam an, als wartete sie immer noch auf meine Antwort. Tja, wie sollte ich das um Himmels willen zusammenfassen? Meine erste Interpretation war, dass der Geist des Alltags uns durch die vielen kleinen Hindernisse und Anstrengungen schlichtweg mürbe gemacht hatte. Der Wind der finanziellen Sorgen, die viele Jahre dauernden schlaflosen Nächte wegen unruhig schlafener Kinder, der Überlebenskampf in der Partnerschaft, bei dem wir gefühlt zu oft in den Ring stiegen, um unsere kleinen Bedürfnisse gegenseitig durchzusetzen – das alles hatte uns trocken werden lassen.

Natürlich gab es auch fröhliche und freudige Momente, wenn Lasse und Marie sonntagmorgens auf uns herumtobten und Finn sich durchsetzte, dass die ganze Familie im Bett frühstückte, Krümel für Krümel. Oder wenn ich mal mit nur einem Kind Zeit hatte, etwas zu unternehmen oder zu basteln oder wenn ich mit meinen Freundinnen einfach nur lachend am Boden lag nach zwei oder drei Cocktails. Oder neulich waren wir zu zweit im Bethmannpark spazieren gegangen, was sich wunderbar ungewohnt angefühlt hatte und hatten uns sogar fast leidenschaftlich unter einer Hängeweide geküsst.

Aber insgesamt fiel die Bilanz einfach negativ aus, wenn ich mein Leben betrachtete. Ob Finn das auch so sehen würde? Eigentlich redeten wir da nicht drüber, weil wir immer zu erschöpft waren. Aber was davon konnte ich Leila sagen? Leila sah nicht so aus, als ob sie meine

Probleme teilte. Ich schaute vorsichtig zu ihr hoch. Sie war aufgestanden und lief langsam auf und ab.
„Nina, ich kann Sie nur einladen, mit mir zu sprechen, aber ich kann Sie nicht zwingen. Sie dürfen jederzeit gehen, wenn Ihnen das lieber ist. Es wird Sie niemand mehr aufhalten."

Huch, war das ein Rausschmiss? Gerade hatte ich angefangen, mich zu entspannen. „Ich könnte also gehen, wenn ich wollte? Ohne alle Konsequenzen und sogar die Schuhe mitnehmen?"
Leila nickte ein wenig ungehalten. „Ja, das sagte ich und ich meine es auch so."
Das war ganz schön abgefahren. Seit wann musste man im Leben nicht dafür bezahlen, wenn man Mist gebaut hatte? Das verstand ich einfach nicht. „Und wenn ich nicht gehe?"
„Dann nehmen wir uns heute einige Stunden Zeit und schauen einmal, wie Sie zu der Frau werden, die in diesen Schuhen steckt."
„Sie sind keine Detektivin, oder?", fragte ich vorsichtig.
„Sehen Sie hier irgendwo eine Detektivin?", sie schaute sich um.
„Aber Ihr Schild?"
„Ich bin Agentin, aber eine andere Agentin, als Sie vielleicht denken. Ich bin Agentin des Lebens."

Ich schluckte und nippte aus Verlegenheit noch einmal an meinem inzwischen lauwarmen Latte macchiato. Hatte ich noch nie gehört, war das so eine Art Sekte?

„Nina, bitte, entspannen Sie sich. Ich meine es gut mit Ihnen, falls Sie das noch nicht bemerkt haben. Aber unsere Arbeitsgrundlage beruht auf Vertrauen und Freiwilligkeit. Das sind die beiden Dinge, die nur Sie mir entgegenbringen können. Wenn Ihnen das nicht möglich ist, dann muss ich Sie bitten zu gehen." Sie schwieg und schob dann hinterher: „Es gibt noch andere Interessentinnen."

Ich setzte mich zurecht und war nun doch neugierig geworden. Schließlich hatte ich nicht alle Tage die Möglichkeit, mit einer „Agentin des Lebens" zu arbeiten, was auch immer das war. Das würde vielleicht ein bisschen Farbe und Abwechslung in mein Keks-Leben bringen. Geschweige denn, dass ich die kleinen Leckereien vor mir niemals so alleine hier zurücklassen könnte. Ich war noch nicht mal mit der Hälfte durch und jede einzelne war ein Traum. „Ok, gerne. Sie müssen verstehen, dass mir das hier alles ungewöhnlich vorkommt, aber ich danke Ihnen für die Zeit, die Sie mit mir verbringen und ich würde mich freuen, wenn ich noch ein wenig bleiben darf." Ich war stolz auf meine kleine Rede. Schien es nur so oder machte sich Entspannung und Erleichterung in ihrem Gesicht breit? Sie nickte und setzte sich mir wieder schräg gegenüber. Und schon schenkte sie uns ein Glas Sekt, oder dem edlen Etikett nach zu urteilen vielleicht sogar Champagner ein, den sie irgendwoher gezaubert hatte.

„Jetzt, wo Sie eine Grundlage haben, können Sie das hier sicher vertragen, oder?" Ich liebte Champagner, war aber nur selten in meinem Leben mit welchem in Berührung gekommen. „Dann lassen Sie uns anstoßen, auf unsere Arbeit und auf Ihr Leben."

„Auf das Leben", erwiderte ich und mir wurde nun doch mulmig im Bauch, was da auf mich zukommen würde. Ich probierte das feinperlige Getränk. Oh, nun hatte ich gleich ein halbes Glas geleert, fühlte mich ein wenig schwummrig und vielleicht doch bereit für das, was da kommen würde.

Leila machte es sich bequem und zog einen Fuß unter das andere Bein, nachdem sie ihren D'Orsay ausgezogen hatte. Genauso wie ich gerne saß. Ich nahm es als Erlaubnis, es mir ebenfalls gemütlicher zu machen. „Also, wo waren wir stehen geblieben?" Sie strich sich eine Haarsträhne hinter das Ohr. „Was macht Sie so unzufrieden in Ihrem Leben?"

Jetzt, da ich wusste, dass ich die Dinge aussprechen sollte, strömte es nur so aus mir heraus: „Eigentlich weiß ich es auch nicht, es ist vermutlich die Summe an Kleinigkeiten, der Stress, ständig Job, Partnerschaft und Kinder unter einen Hut bringen zu müssen. Vielleicht auch der Neid, weil ich immer denke, den anderen geht es doch besser, was auch nicht immer stimmt, wenn man mal näher hinschaut. Oft ist es einfach die Erschöpfung, die mich das nicht umsetzen lässt, von dem ich einfach denke, dass es gut wäre. Und dann sitze ich da, blättere in irgendwelchen Lifestyle-Zeitschriften und denke, das Leben könnte auch ganz anders sein, wie ich vorhin sagte, freier, leichter, spielerischer, so wie es uns da ständig gezeigt wird. Und ich fühle mich so richtig mies, weil ich es nicht

schaffe und jeden Tag mit meiner trockenen Keksigkeit kämpfe. Können Sie das verstehen?"
Leila nickte langsam und schaute mich fast ein wenig mitleidig an. Also so ein schlimmer Fall war ich nun auch nicht. „Verstehen Sie mich nicht falsch, es ist alles nicht schlecht im Vergleich zu dem Leben, das 90 Prozent der Menschen im Rest der Welt haben. Es ist nur irgendwie lauwarm und ich wünsche es mir manchmal einfach heißer."
„Heißer?", Leila schaute mich frech an.
„Ja, intensiver, prächtiger, bunter, fröhlicher, ekstatischer, so in die Richtung."

„Wenn Ihr Leben heißer würde, können Sie sich dann auch vorstellen, dass es auf der anderen Seite kälter, also auch unbequemer und gelegentlich auch anstrengender wird?", fragte sie. Ich starrte auf den hochflorigen Teppich unter der Sitzecke. „Vermutlich weiß ich das schon und kriege jedes Mal kalte Füße, wenn ich nur dran denke, groß etwas zu ändern."
„Ah, das ist gut, dass Ihnen das bewusst ist." Leila schaute auf die Uhr. „Nina, ich muss kurz eine dringende Angelegenheit klären und bin in einer halben Stunde wieder bei Ihnen. Aber ich möchte Ihnen etwas schenken. Möglicherweise kann Ihnen das die Wartezeit verkürzen." Sie stand auf und trat zu einem in die edle Holzverkleidung eingelassenen Wandschrank. Dann kam sie mit einem Geschenk zurück, das in dezent gestreiftes Papier eingepackt war. „Machen Sie's auf, ich komme dann bald wieder zurück."

Ich bedankte mich und rechnete kurz durch, was das hier alles kostete, was ich so nebenbei in der letzten Stunde kostenlos erhalten hatte. „Nichts ist gratis", hatte meine Mutter gesagt, alles hat seinen Preis. Nun, was war der Preis, den ich hier zahlte? Aber was hatte Leila gesagt, es ginge hier auch um Vertrauen. Das genau fiel mir schwer, aber sei's drum.

Leila war schon mit einem kleinen Gruß aus der Tür, als ich das Päckchen neugierig öffnete. Zum Vorschein kam ein schicker Füller einer bekannten Marke, den ich mir niemals geleistet hätte, und ein Büchlein, vielleicht etwas größer als DIN A5 und so dick wie ein Taschenbuch. Darauf stand der Titel: Dein Buch des Lebens. Es war wunderschön gestaltet, genau in meinen Farben, in warmen Rot- und Orangetönen. Wie hatte sie das nun wieder wissen können? Sicher war es Zufall. Neugierig schlug ich es auf. Aber es starrten mich nur weiße Seiten an. Nirgendwo ein einzelner Satz oder wenigstens ein Wort.

Mir war schon klar, dass ich dieses Buch jetzt nutzen sollte, während sie weg war. Aber das war nicht mein Ding. Ich mochte diese Büchlein, aber ich hatte noch nie was mit Tagebuchschreiben oder Ähnlichem anfangen können. Vielleicht konnte ich es Marie mitbringen, die würde es sicher gerne als Malbuch verwenden und Lasse könnte den Füller bekommen, schließlich kam er bald in die Schule, da wäre er sicher stolz wie Oskar.

Ich schlug die erste Seite auf. Ob Leila wohl enttäuscht war, wenn ich nichts hineinschrieb? Vielleicht sagte sie

mir dann wieder freundlich, dass ich gehen solle, wenn ich nicht mitspiele. Eigentlich gefiel es mir hier langsam richtig gut. Ich wurde rundum versorgt, musste keine Streitereien schlichten, wie sonst jeden Nachmittag, und genoss den grandiosen Blick über das von der Nachmittagssonne beschienene Frankfurt. Ich warf erneut einen Blick auf das Buch. Da standen plötzlich zwei Worte „Nimm mich", ich musste laut auflachen. Das war doch nicht wahr, ein Buch, das mit mir kommunizierte!
„Lach nicht, ich mein's ernst."
Oh, hören konnte das Buch auch noch, das war ja krasser als die Karte des Herumtreibers bei Harry Potter. Ich befeuchtete meinen Zeigefinger und rubbelte damit vorsichtig über das Papier. Vielleicht war das nur Geheimtinte, die unter Wasser-, Wärme- oder Lichteinwirkung sichtbar wurde.
„Igitt, lass das." Ok, es war einfach zu grotesk. Ich schnappte mir den Füller und begann zu schreiben.

„Was willst du von mir?"
„Was du willst!"
„Leider weiß ich nicht, was ich will."
„Genau das ist dein Problem. Also, was willst du?"
„Also gut, ich will ein tolles Haus, brave Kinder, einen liebevoll-leidenschaftlichen Ehemann, einen tollen Job, der mir Spaß macht, zwei Katzen, einen großen Garten, ein Boot am See und genug Geld für die angenehmen Seiten des Lebens, z. B. zum Reisen." Ich reckte mich ein wenig. Das war mir jetzt so schnell aus der Feder geflossen, aber als ich es noch mal durchlas, stimmte es.
„Das ist es, was du wirklich willst?"

Ich nickte trotzig und weil das Buch anscheinend nur hören und nicht sehen konnte, sagte ich noch laut „Jep".
„Was willst du?"
Hatte ich doch gerade schon geschrieben. Ganz schön hartnäckig, mein neuer schreibender Freund. Wurde das jetzt etwa therapeutisch? Das war gar nicht mein Ding. Zu viel Seelenkrämerei macht nur noch unglücklicher. Ich hatte das einmal mit so einem Selbstfindungsworkshop probiert. Da kam ich ganz high zurück und der Absturz erfolgte aber sofort in den tiefsten Keller, als ich die Haustür öffnete und ein genervter Finn und zwei eisverschmierte Kinder mich in Empfang nahmen.

Tja, was wollte das Buch denn hören? Vielleicht was Abstrakteres?
Ich schrieb: „Weltfrieden, Liebe und Gerechtigkeit." Das hörte sich doch gut an.
„Was willst DU?"
Verflixt, das war's demnach auch nicht. Schien mir auch sehr weit weg von mir zu sein. Seufzend zückte ich wieder meinen Füller, der plötzlich nur so über das Büchlein auf meinem Schoß dahinflog.
„Ich will mich morgens im Spiegel ansehen und mich wohl in meiner Haut fühlen und mich schön finden. Ich will meine Kinder lieben und sie unterstützen, tolle Menschen zu werden, ich will so mit Finn leben, dass wir uns Freiräume lassen, aber auch immer wieder aufeinander stürzen und es uns gemeinsam so richtig gut gehen lassen mit allem Geben und Nehmen, was dazugehört."

„Gib mir mehr davon!" Ich hatte nur kurz gezögert, da war mir dieser freche Kerl dazwischengekommen. Ich war noch lange nicht fertig, ich schrieb, wie ich noch nie in meinem Leben geschrieben hatte, und füllte eine Seite nach der anderen, das Buch schien gespannt zuzuhören oder besser zu lesen.

Plötzlich stand Leila vor mir, ich hatte gar nicht gehört, dass sie hereingekommen war.

IV

*Lass los, was dich belastet
und lass dir dabei helfen.*

Leila sah mich an und sagte: „Wow."
Ich klappte schnell mein Buch zu, das war mir dann doch zu persönlich. Die Dinge, die ich ohne meine übliche Selbstkontrolle da heruntergeschrieben hatte, waren nicht für fremde Augen bestimmt. Es reichte schon, dass das vorwitzige Buch sie mitlas.
Leila streckte mir die Hand hin und zog mich hoch. Ich schaute sie erwartungsvoll an. Sie führte mich an der Hand zu einem Spiegel, der in einer Nische des Zimmers stand. Ich blickte hinein. Zurück blickte eine Nina, wie ich sie nur selten im Spiegel nach richtig gutem Sex gesehen hatte – den ich in meinem Leben an einer Hand abzählen konnte. Meine Haut hatte diesen sanften Schimmer, meine Augen leuchteten und meine Stirnfalten schienen irgendwie geglättet zu sein. Ich schaute mich ganz selbstbewusst an. Was war passiert?

„Setz dich." Ich gehorchte und war noch ganz verwirrt. Ich glaubte, da hatte ich eben meinen ersten Schreibflow erlebt. Ich kreiste mit den Schultern, weil ich doch

irgendwie verspannt über dem Büchlein gehangen hatte. Leila schaute mich prüfend an und griff wieder zu ihrem Telefon. „Lukas soll sich vorbereiten und in einer halben Stunde in meinem Zimmer sein." Dann nahm sie meine Hand. „Nina, wie geht es dir?"
Seit wann duzten wir uns? Aber inzwischen war mir das auch egal. Heute war sowieso alles anders. „Gut, ich bin noch ein bisschen benommen. Das Buch spricht mit mir."
Sie lächelte verschmitzt. „Ja, das tut es, wenn es jemanden mag."
„Dann hatte ich Glück."
„Ist es das, was du gerade fühlst, Glück?"
Ich nickte. „Plötzlich war alles so klar. Ich weiß es eigentlich schon so lange, was mir wichtig ist und was ich will."
„Aber ...?", fragte Leila mit hochgezogener Augenbraue.
Mutlos sackte ich tiefer in den bequemen Sessel. „Es ist so viel, ich bin so weit weg von all dem, ich kann einfach nicht."
„Wer sagt das?", abrupt stand Leila auf. So sah sie also aus, wenn sie nicht freundlich war. Gut, dass sie mich vorhin nicht so begrüßt hatte, als ich hereingeführt wurde, da wäre ich in den Boden versunken.

Ich überlegte. Tja, wer sagt das? Vermutlich kam da noch einiges aus meinem wenig unterstützenden Elternhaus. Meine Mutter war so mit sich selbst beschäftigt und damit, dass ihr mühsam aufgebautes und nach außen aufpoliertes Spießerleben nicht aus dem Ruder lief. Sie hatte immer versucht, mich anständig und klein zu halten. „Schuster, bleib bei deinen Leisten", war einer ihrer Standardsprüche, den ich nie so richtig verstanden hatte. Aber die Message kam schon rüber, mach was Realistisches, Träumen führt zu nichts. Für meinen Vater war ich Luft, er hatte schon genug mit meiner Mutter zu kämpfen. Bei ihm galt noch die alte Einstellung, dass man Kinder zwar sehen, wenn's sein musste, aber nicht hören sollte.

Als Rechtsanwaltsfachangestellte arbeitete ich in klaren Hierarchien. Mir hatte das wenig Spaß gemacht, aber es war eine Ausbildung mit Jobgarantie. Und meine heimlichen Pläne, Architektur zu studieren, hatte ich dann stillschweigend ad acta gelegt, weil für meine Eltern auch klar war, dass ich nicht studieren musste. Aus ihnen wäre auch etwas geworden ohne Studium. Nach einigen unbedeutenden Kerlen, die mir nicht besonders gutgetan hatten, kam Finn, der sich in mich verliebt hatte. Er war gelernter Drucker und sehr ehrgeizig, sodass er bald zum Geschäftsführer aufgestiegen war. Das war der anstrengende Job, den er bis heute innehatte. Wir kamen gut zurecht und lachten viel in der Anfangszeit. Ich dachte immer noch, dass er das Herz am rechten Fleck hatte und mochte es, wie er mich ansah, wenn er mal innerlich bei uns anwesend war und nicht mit dem Kopf im Geschäft. Aber viel zugetraut hatte auch er mir nicht. Ihm war es recht, dass ich Teilzeit in der kleinen Kanzlei arbeiten ging und mich ansonsten um Haus und Kinder kümmerte.

Leila sagte sanft: „Sprich mit mir." Anscheinend hatte sie sich beruhigt und saß mir wieder gegenüber.
„Sorry, ich war in Gedanken, bist du nicht mehr wütend?"
„Entschuldige, wenn ich dich erschreckt habe. Dieser Satz ‚Ich kann nicht' ist für mich ein rotes Tuch. Als Agentin des

Lebens muss ich dir sagen, dass es für mich der lebensfeindlichste Satz überhaupt ist." Sie schaute mich nachdenklich an. Außerdem heißt er eigentlich ‚Ich will nicht', oder?"

Nun war es an mir, nachdenklich zu schauen. Eben war ich im Geiste alle Personen durchgegangen, die dazu beigetragen hatten, dass ich mir nicht wirklich viel zutraute. Aber was war mit mir? War ich niemand, sodass mein „Ich kann" etwa nichts zählte, auch wenn alle anderen außen herum anderer Meinung waren? Ich merkte, wie es in meinem Bauch zu rumoren anfing und ich auch wütend wurde.
Leila blickte auf und ermutigte mich. „Nur raus damit!"
Ich legte los: „Ich finde es zum Kotzen, wie ich als Kind kleingehalten wurde, ich finde mich fürchterlich, weil ich mich nicht gewehrt habe und immer das gemacht habe, was andere mir gesagt haben. Ich fühle mich so bescheuert, dass ich so wenig mutig bin, mir zu nehmen, was ich brauche und will, aber ich trau mich einfach nicht!"

Leila schenkte mir Champagner nach. Diesmal liefen Tränen der Wut und der Scham meine Wangen herunter. Meine Güte, was passierte hier gerade mit mir? In dieser Tragweite war mir das alles noch nie bewusst geworden.
„Also hat sich dein ‚Ich kann und will nicht' in ein ‚Ich trau mich einfach nicht' verwandelt. Das hört sich schon besser an, damit können wir arbeiten."

Sie immer mit ihrem „Arbeiten". Tatsächlich merkte ich, dass das, was ich hier erlebte, aber durchaus anstrengender war als mein übliches Arbeiten.
„Schon mal etwas von Persönlichkeitsarbeit gehört?", fragte sie mich mit einem feinen Lächeln.
„Nein", gab ich zurück, „habe ich bisher tunlichst zu vermeiden gewusst." Ich wischte ein paar Krümel von meinem T-Shirt, die spurlos im Teppich verschwanden. „Und jetzt?", schaute ich sie hilflos an. „Was machen wir jetzt mit diesem Häufchen Leben, das ich hier vor dir ausgebreitet habe?"

Gerade als Leila zu einer Antwort ansetzte, klopfte es und sie ging zur Bürotür und öffnete. Herein trat Adonis. Anders konnte man das nicht sagen. Der junge Mann mit den Häppchen war schon eine Augenweide gewesen, aber dieser hier – allein vom Anschauen bekam ich ganz weiche Knie. Er trug eine weiße Leinenhose und ein Muscle-Shirt, das seinen wohldefinierten Oberkörper so richtig in Szene setzte. Ich kam mir vor wie in diesen Filmen, wenn sich die Zeit verlangsamte und man jede Haarsträhne einzeln fliegen sah. Und dann stand er auch schon vor mir. Ich warf einen kurzen Blick auf Leila. Täuschte ich mich, oder hatte ihr Grinsen etwas Wölfisches? Er reichte mir seine perfekt manikürte braune Männerhand und sagte: „Ich bin Lukas, hallo Nina. Ich habe gehört, wir haben ein Date?"

Ich sah hektisch zu Leila hinüber.
„Ich glaube, du hast dir eine Pause verdient, Nina. Ich vertraue dich Lukas' magischen Händen an. Er nimmt dich für zwei Stündchen mit. Genieß die Zeit, wir sehen uns

später!" Damit wandte sie sich ihrem Schreibtisch zu und setzte sich an ihren Laptop. Ja klar, sie musste auch mal was Anständiges zwischendrin arbeiten, oder? Wofür wurde sie hier eigentlich bezahlt?

Lukas stand immer noch vor mir und streckte mir die Hand entgegen. Ich legte meine Hand in seine und er zog mich hoch, sodass ich ganz nah vor ihm zum Stehen kam. Automatisch atmete ich tief ein. Oh, das war gut, ein Hauch von Salbei und Bergamotte und frischer Meeresluft. Ich zog meinen Bauch ein und versuchte ein Lächeln, das mir aber irgendwie seitlich abrutschte.

„Nina, folge mir einfach, du kannst alles hierlassen, ich bringe dich wieder sicher zurück."

Er ließ meine Hand los, wie bedauerlich. Aber ich stapfte in Strümpfen hinter ihm her, so zu Hause fühlte ich mich schon in den gepflegten Verwaltungsgängen des Kaufhauses. Einige Zimmer weiter öffnete er die Tür und wir betraten eine Wellnessoase, wie ich sie in meinen kühnsten Träumen noch nicht betreten hatte. Mehrere Räume mussten zu einem verbunden worden sein. Ich hörte das Geräusch fließenden Wassers und sah in der Ferne einen wunderschön angelegten Dachgarten. Zwei Massageliegen standen nebeneinander, es duftete schon wohltuend – nicht zu süß und nicht zu herb. Lukas dimmte das Licht.

„Du kannst gerne hier alles ablegen, den Slip kannst du anlassen."

Oh Gott, ich sollte mich nackig machen vor ihm? Das ging gar nicht. Ich dachte an meinen Bauch, den ein ganzes Rudel von Schwangerschaftsstreifen zierte. Und wenn er

meinen leicht hängenden Hintern und die nicht enthaarten Oberschenkel sehen würde? Ich blieb einfach mit hängenden Schultern stehen und war nicht in der Lage, mich auszuziehen. Obwohl ich gar nichts gegen eine Massage aus diesen Händen gehabt hätte, wirklich nicht.
Lukas sagte nur zwei Wörter: „Trau dich." Die hatten gesessen. Also gut, wenn das heute tatsächlich ein Anfang sein sollte, musste ich auch anfangen. Ich drehte ihm verschämt den Rücken zu und legte alles, auch meinen ausgeleierten und angegrauten BH auf einen bereitstehenden Stuhl. Dann drehte ich mich todesmutig zu ihm um. Er schaute mir lächelnd ins Gesicht. „Du hast wunderschöne Augen, hat dir das schon mal jemand gesagt?" Ich nickte, meine Augen waren wirklich nicht schlecht. Und ich war dankbar, dass er nicht gesagt hatte: „Deine Brüste sind so schön ungleich groß."

„Leg dich auf den Bauch und schließ die Augen. Ich werde nur das mit dir tun, was dein Körper auch will." Ich wich einen halben Schritt zurück. Was hatte er da gesagt? Auf meinen guten alten Körper war überhaupt kein Verlass. Der wollte vieles, aber Frauchen würde ihm das nicht erlauben! Nein, verrückter Tag hin oder her, aber ich würde nicht mit diesem wunderbaren Mann abstürzen, nicht hier auf der Liege und auch nicht anderswo. Lukas lächelte beruhigend. „Ich bin dein Masseur, sonst gar nichts, also komm her, schöne Frau, und leg dich hin." Hatte ich es beim Hinlegen richtig gesehen, dass er die Augen gegen die Decke rollte? O.k., ich wollte auch nicht wie Lieschen vom Dorf wirken und machte es mir auf der herrlich weichen Liege mit den duftenden Frotteetüchern bequem.

Wenn ich das morgen den Mädels erzählen würde, sie würden es mir nicht glauben.
Lukas begann, warmes Öl über meinen Körper zu verstreichen. „Ich werde dir eine Lomi-Lomi-Massage geben, hast du schon mal eine bekommen?"
Ich schüttelte nur leicht den Kopf.
„Die Lomi-Lomi-Massage ist eine ganzheitliche Massage, bei der nicht nur der Körper, sondern auch deine Seele und dein Geist gereinigt werden. Du darfst dich fallen lassen. Es kann sein, dass Gefühle hochkommen. Lass sie einfach zu und sie werden auch wieder gehen. Ich werde viel mit meinen Unterarmen arbeiten, um dich tiefer in die Entspannung zu bringen. Wenn dir was zu nah oder unangenehm ist, sag es mir bitte. Darf ich dein Haargummi lösen? Ich werde ab und zu in deine Haare greifen, auch darüber lassen sich Verspannungen gut lösen."

Ich nickte und konnte gar nicht sprechen, so aufgeregt war ich, was da mit mir passieren würde. Ich konzentrierte mich auf die leisen Klänge, die über ein unsichtbares Boxensystem ertönten, schloss die Augen und spürte Lukas' Hände, die meinen Rücken massierten. Es war einfach göttlich. Die Bilder des heutigen Tages zogen an mir vorbei. Dass sich aus all dem morgendlichen Stress und meiner Schuhklau-Schnapsidee etwas so Wunderbares entwickelt hatte, konnte ich gar nicht fassen. Ich merkte, wie erneut Tränen meine Wangen herunterliefen und wollte sie abwischen. „Lass es fließen, Nina, es ist alles gut", sagte Lukas leise. Also ließ ich meine Dankbarkeitstränen fließen und es waren nicht die letzten in dieser Massage, in der ich mich begleitet von Lukas' starken Armen auf eine Reise begab durch meine Vergangenheit, durch meine Ängste und Sehnsüchte bis zu einem neuen Lebensgefühl, das mir andeutete, dass auch alles ganz anders sein konnte: klar, kraftvoll und leicht zugleich.

V

Überprüfe deine inneren Botschaften, die dich belasten und erzähl dir deine Geschichte neu.

Lukas brachte mich wieder zurück zu Leila. Spontan umarmte ich ihn und bedankte mich mit einem Küsschen auf seine wohlriechende Wange. Errötete er etwa unter seiner Sonnenbräune? Ich war nicht sicher. Er lächelte mir noch mal herzlich zu und verabschiedete sich. Leila erhob sich von ihrem Schreibtisch, sie sah ein wenig müde aus, wohingegen ich mich wie neu geboren fühlte.
„Nina, wie geht es dir?" Wir nahmen wieder Platz und wie bestellt fand ich vor mir ein großes Glas Zitronenwasser, das ich dankbar hinunterstürzte. „Du musst viel trinken, auch morgen noch", sagte sie mit einem warmen Blick.
„Es war unglaublich, ich habe so etwas noch nie erlebt", erzählte ich ihr freudestrahlend. „Ich musste mich schon überwinden, mich auszuziehen und fallen zu lassen, aber ich hätte mich wirklich geärgert, wenn ich dieses Erlebnis verpasst hätte!"

Leila lächelte nachdenklich. „Was wir nicht alles Tolles verpassen, weil uns der Mut fehlt, manche Dinge einfach zu tun, oder?"
„Ja, aber nicht immer sieht die Herausforderung so toll aus, ehrlich gesagt, und hat so fähige Hände." Ich bekam in Erinnerung an Lukas' Händen auf meinem Körper noch jetzt eine Gänsehaut.

„Lukas ist aber auch ein Meister, er ist auf Hawaii als richtiger Kahuna ausgebildet", sagte sie stolz, als wäre es ihr Sohn. War er das? Ich glaube nicht.
„Ich hatte das Gefühl, er hat nicht nur meinen Körper bearbeitet, sondern mein ganzes Leben mit all seinen Höhen und Tiefen. Wie kann das sein?"
Sie breitete die Hände aus. „Frag mich nicht. Aber gibt es irgendetwas, das jetzt noch in dir arbeitet?"
Ich schaute nachdenklich auf meine durch das viele Öl ganz glatten Hände. „Vorhin hatte ich gesagt, ich trau mich nicht. In der Massage hatte ich das Gefühl, wenn ich all das hinter mir lassen könnte, was ich so an mir rumschleppe an altem Ballast, würde ich mich vielleicht schon trauen, zumindest immer wieder."

„An welchen Ballast denkst du?"
„Na, all die Botschaften, die mir andere eingeflößt haben, vielleicht auch all die komischen Wahrheiten, die ich mir im Laufe der Zeit selbst zurechtgelegt habe."
„Zum Beispiel?"
„Dass es nichts für mich ist zu studieren. Oder dass ich dankbar sein muss, dass Finn unseren Lebensunterhalt finanziert und ich deswegen nichts sagen darf, wenn er

mir mit seinem Verhalten auf die Nerven geht. Oder dass ich zu dick und zu schüchtern bin, um mal etwas Neues im Bett auszuprobieren. All die Sätze eben, die ich mir den lieben langen Tag erzähle, wenn ich mir innerlich zuhöre."
„Oder dass du diese Schuhe nicht verdienst, dass du sie klauen musst oder dass deine Kinder nicht einen Nachmittag ohne dich auskommen können oder dass du es der Schwiegermutter sowieso nicht recht machen kannst?"
„Genau, so ein Zeug. Wenn ich recht überlege, sind es genau diese Sätze, die mich den ganzen Tag runterziehen, weil sie unablässig in meinem Kopf quaken und mich ablenken. Vielleicht sind es gar nicht die äußeren Umstände, die mich so unzufrieden machen?"
Leila nickte. „Ich glaube, du bist da etwas Wichtigem auf der Spur."

„Aber wie kriege ich das um Himmels willen weg? Das kann doch wirklich nicht so weitergehen!", fragte ich hilflos.
„Vielleicht ist der Wunsch, es ‚wegzukriegen', ein Teil des Problems", sagte Leila nachdenklich. „Stell dir vor, all diese inneren Stimmen sind wie kleine Kinder. Was passiert, wenn du kleine Kinder stillkriegen willst?"
„Oh, das kenne ich gut, sie werden nur noch lauter und kämpfen noch mehr um meine Aufmerksamkeit." Ich strich nachdenklich über meine glatten, eingeölten Arme. „Aber wie bekomme ich das hin, dass sie trotzdem leiser werden?"
„Ich habe für mich herausgefunden, dass es hilft, nicht mit ihnen zu kämpfen. Ich stelle sie mir wie Gäste auf

der Durchreise vor. Stell dir vor, es sind gar nicht deine Gedanken, sondern sie besuchen dich nur mal kurzfristig. Du kannst sie freundlich begrüßen, aber dann wendest du dich den Gästen zu, mit denen du gerne zu tun hast, also den Gedanken, die du auch weiterhin haben magst."
Ich schaute nachdenklich hinaus in den Spätnachmittag. Das Wolkenspiel war grandios. „Oder wie Wolken, die vorbeiziehen, habe ich mal irgendwo gelesen."
„Genau, sei freundlich zu ihnen, widme ihnen aber auch keine zusätzliche Aufmerksamkeit. Das, wohin du deine Aufmerksamkeit richtest, wird größer und wichtiger, das andere wird kleiner und unwichtiger."

Ich stand auf, weil ich gerade vor Aufregung nicht mehr sitzen konnte, und begann wie Leila vorhin, auf und ab zu laufen. „Also, lass mich sehen, ob ich es verstanden habe. Nehmen wir mal Finn als Beispiel, wenn er wieder zu spät von der Arbeit kommt. Da geht es immer so richtig ab in meinem Kopf. Soll ich mal loslegen?"
Leila nickte freundlich.

„Was denkt er sich eigentlich, wer ich bin, dass er das jede Woche mit mir machen kann. Es sind schließlich auch seine Kinder und er kann sich doch vorstellen, dass es für mich hier auch anstrengend ist. Arbeit ist doch nicht alles, aber vermutlich fühlt er sich auf der Arbeit viel wohler als hier bei uns? Vermutlich bin ich auch noch schuld, weil ich ihn immer schlecht gelaunt anfauche, wenn er nach Hause kommt. Vielleicht liebt er mich auch gar nicht mehr, vielleicht hat er was angefangen mit diesem frühreifen Azubi-Girl, das nicht gerade mit seinen Reizen geizt? Oh Gott, wie soll ich denn alleine klarkommen?"

„Stopp, Nina, halt mal kurz die Luft an. Merkst du, was hier passiert? Angefangen hat es mit etwa einer Stunde Zuspätkommen und gesteigert hat es sich über Schuldzuweisungen gegen ihn und gegen dich bis hin zum völligen Katastrophenszenario. Da steigt schon beim Zuhören mein Stresspegel. Und diese Geschichte erzählst du dir mehrmals die Woche? Puh, wie anstrengend!"

Ich blieb stehen. „Ich erzähle mir eine Geschichte? Das ist jetzt aber auch eine krasse Behauptung, es könnte ja auch alles wahr sein!" Leila stand ebenfalls auf und bat mich, ans Fenster zu treten. „Schau mal da runter. Siehst du die kleinen Menschen nicht größer als Gummibärchen? Sie alle und auch wir beide erzählen uns jeden Tag eine Menge Geschichten. Vieles davon hat Bezüge zur Realität, vieles läuft aber auch nur in unserem Kopf ab und hat lediglich einen kleinen Aufhänger in der Realität. Kennst du das von Gesprächen mit unaufmerksamen Freundinnen, die nur auf ein Stichwort von dir lauern, bevor sie dir wieder ihre nächste Geschichte reindrücken? So gehen wir auch immer wieder mit unserer Umwelt um. Wir springen bei Stichworten an. Irgendetwas erregt unsere Aufmerksamkeit, beispielsweise der gerade so gebändigte Busen des weiblichen Azubis, von dem du erzählt hast und dann fängt unser Kopfkino zu dieser Vorstellung an zu laufen und verselbstständigt sich völlig. Wir driften ab – und das meist, ohne es zu merken. Unser Gehirn kann da oft nicht so gut zwischen unserer inneren und der äußeren Realität unterscheiden."

Ich nickte nachdenklich. „Ich habe auch manchmal das Gefühl, dass ich den lieben langen Tag Selbstgespräche mit mir führe, weil die Kinder noch nicht so richtige Gesprächspartner sind. Vielleicht ist das auch ein Grund, dass der Realitätscheck bei mir manchmal zu kurz kommt."
„Klar, das glaube ich auch. Und kennst du das beste Mittel, um zu überprüfen, ob du dich gerade in deinem Film verlaufen hast oder noch anschlussfähig an die Realität bist?" Ich schüttelte den Kopf. „Sprich diese Sätze aus oder schreib sie auf. So kannst du sie so schnell wie möglich abgleichen, ob sie noch Realitätsbezug haben. Hast du noch dein kleines Buch? Das ist dabei sehr hilfreich, wenn ich mich recht erinnere."
Ich setzte mich wieder und schlug neugierig das Buch auf der nächsten Seite auf, die ich noch nicht vollgeschrieben hatte.
„Fangen wir mal mit einem Satz aus deinem inneren Gedankenwirbel von eben an, der dich besonders runterzieht. Fällt dir da einer ein?", fragte Leila.
Da musste ich nicht lange nachdenken. „Ich bin nicht attraktiv und nett genug, deswegen zieht er die Arbeit mir vor!"
„Ja, das ist gut, gleich ein richtiges Kaliber. Schreib diesen Satz einfach mal in dein Buch."

Brav tat ich, was Leila wollte, und war gespannt, wo das nun wieder hinführen würde. Kaum war ich fertig, zeigte

sich wieder die Schrift, mit der das Buch mit mir sprach und es erschien: „Ist das wahr?"
„Ich glaub schon", schrieb ich zurück.
„Kannst du mit absoluter Sicherheit wissen, dass das wahr ist?"

Ich kam ins Grübeln. Nein, zumindest nicht immer. Es hatte schon einige wenige Situationen gegeben, wo Finn mich überrascht hatte. Auch wenn ich dann gleich misstrauisch war. Neulich hatte er mir Blumen mitgebracht und mir seit Langem mal wieder gesagt, dass ich „seine Beste" wäre. Ich hatte vermutet, dass er sich irgendetwas Teures gekauft hatte und dann aus einem schlechten Gewissen auch mir eine Freude machen wollte. Aber dieser Verdacht hatte sich bis heute nicht bestätigt. Also gut, vielleicht wieder Kopfkino. Oder vor ein paar Monaten war er früher nach Hause gekommen und wir hatten mit den Kindern eine frühe Abendvorstellung im Kino angeschaut. Das war so ein schöner Abend, dass ich noch lange daran denken musste. Und je länger ich nachdachte, fielen mir zumindest einige Situationen ein, für die dieser Satz nicht stimmte. Ich schrieb: „Na ja, zum Teil schon, aber es gibt auch Ausnahmen."
„Wer bist du und wie reagierst du, wenn du diesen Satz glaubst, liebe Nina?"
Oh, das Buch kannte meinen Namen, na ja, war ja auch meins. Ich kaute auf dem Füller herum und zog ihn schnell zwischen meinen Zähnen hervor, als mir wieder einfiel, wie edel er war. „Ich denke, ich fühle mich dann wie eine kleine graue Hausfrauenmaus. Zumindest mache ich mich mit dem Gedanken kleiner als Finn, den

mache ich eigentlich ganz schön groß. Das heißt, ich kann nur schimpfen, betteln oder so, wenn er kommt. Ich kann dann nicht mit ihm auf Augenhöhe sprechen."
„Und wer oder wie wärst du, wenn du den Gedanken nicht hättest? Wenn du einfach nur die Tatsache beschreiben würdest ohne Interpretation?"

Ich richtete mich ein bisschen im Sessel auf und versuchte den Satz neutral zu formulieren. „Finn kommt zu spät." Oder „Er kommt heute später." Damit war ich aus dem Spiel. Ich könnte mich ohne den Gedanken und seine komische Begründung, warum Finn zu spät kam, besser fühlen. „Ich fühle mich anders, vermutlich besser, weil ich z.B. merke, dass ich alles gut hinbekomme, obwohl er später kommt: Die Kinder sind im Bett, ich habe auch etwas gekocht und sehe nicht mal aus wie die letzte Hausmaus. Eigentlich ist alles gut, wenn ich das Thema neutraler betrachten könnte."
„Würdest du dir diesen Satz freiwillig von der Speisekarte des Lebens bestellen?"
„Natürlich nicht, bin ja nicht bescheuert."
„Und wer hat ihn dann für dich bestellt?"
Ähm, dachte ich und mir wurde unbehaglich zumute.
„Meine Eltern damals haben mich auch immer so abgewertet, das habe ich schon Leila heute Morgen erzählt."
„Wer mit 40 noch seine Eltern verantwortlich macht, der hat es nicht anders verdient."
Wow, jetzt hatte das kleine Buch aber ganz schön auf mich geschossen!
„Wer hat ihn also bestellt?"

„Ich vermutlich. Ja, er ist auf meinem Mist gewachsen."
Das Buch war immer noch nicht zufrieden, schon wieder erschien ein Satz: „Würdest du diesen Satz deiner Tochter empfehlen?"
Ich stellte mir Marie an meiner Stelle vor, wie sie dastand und sich schlecht fühlte, wenn ihr Zukünftiger mal zu spät nach Hause kam. „Ich würde ihr, glaube ich, ganz schön den Marsch blasen und gemeinsam mit ihr überlegen, wie das anders werden könnte."
„Danke dir."

Uff, dieses Büchlein hatte es in sich. Ich lockerte meine Nackenmuskeln. Leila beobachtete mich. „Entschuldige, jetzt habe ich dich ganz vergessen", sagte ich schuldbewusst.
„Alles in Ordnung, ich habe mich kurz entspannt, das war gut", entgegnete sie.
„Dieses Buch zieht mich ganz schön aus", ich lächelte schüchtern.
„Ja", sie seufzte, „das haben diese Bücher so an sich."
„Hast du auch eins?"
Sie nickte. „Nicht nur eins, kann ich dir sagen, sie begleiten mich schon viele Jahre.
„Darf ich dich was fragen?"
„Klar, dazu bin ich hier", erwiderte sie freundlich.
„Jetzt habe ich aber viele Sätze dieser Art. Muss ich das mit allen so machen? Das wird unglaublich viel Arbeit."
„Hat niemand gesagt, dass das Leben keine Arbeit ist, oder? Aber hat es nicht auch ein bisschen Spaß gemacht, sich da so durchzuwühlen? Bist du nicht auch neugierig auf dich selbst und was sich da in dir so abspielt?"

Klar, ich nickte, war schon spannend und wie ein neues Spiel für mich, sonst würde ich hier sicher nicht so lange sitzen.

„Ich würde dir empfehlen, immer nur die heftigen Sätze zu nehmen, die bei denen du ein richtig blödes Gefühl im Bauch hast, und diese dann in deinem Büchlein durchzuarbeiten. Du wirst sehen, das hat auch Auswirkungen auf deine anderen Gedanken. Stell dir diese lautstarken Sätze als Anführer oder Zampanos vor. Wenn du die ruhig bekommen kannst, dann sind die anderen weniger lauten Sätze auch pflegeleichter. Aber jetzt bin ich auch neugierig. Was ist denn jetzt für dich anders, wenn du so mit einem Gedanken umgegangen bist?"

Ich blickte durch die hohe Glasfront. „Irgendwie fühle ich mich jetzt ruhiger. So ein Gedanke kann mich nicht mehr bedrohen, er fühlt sich jetzt vielleicht wie ein Pups an, dem die Luft ausgegangen ist, wenn ich diesen Vergleich bringen darf."

Leila lachte herzlich. „Das ist eine super Vorstellung, quasi eine gedankliche Verdauungsstörung. Hervorragend, das werde ich mir merken!"

Mein Blick fiel auf meine Uhr. „Hilfe, es ist ja schon halb sechs, vermutlich muss ich langsam los!"

Leila lächelte milde. „Liebe Nina, wir sind noch lange nicht am Ende. Entspann dich, dein Göttergatte erwartet dich nicht vor neun heute zurück."

„Ok", ich grinste, „gut zu wissen, was auch immer ihr ihm erzählt habt... Aber ehrlich gesagt bin ich schon ziemlich fertig."

„Das kann ich mir vorstellen", sagte Leila. „Ich habe da gleich eine nette Überraschung für dich."

VI

*Lass dir das Leben mit allen Sinnen schmecken.
Sei offen und entscheide erst danach.*

Wie von Zauberhand öffnete sich erneut Leilas Bürotür und herein trat eine kräftige Frau mit kleiner weißer Kochmütze, die uns breit anlächelte. „Hamma's?", fragte sie auf Frankfurterisch.
„Ja, ich glaube, Nina ist so weit. Darf ich dich bitten, mit Hannah zu gehen und dich einfach verführen und überraschen zu lassen, wir sehen uns dann später wieder."
Ich nickte und wurde schon ganz aufgeregt. Bisher war alles, was mir hier widerfahren war, einfach unglaublich gut gewesen, also würde jetzt auch nichts Schlimmes passieren. Ich trat neben Hannah. Sie roch lecker, irgendwie nach warmen Brötchen, Knoblauch und nach einem Hauch Schokolade. Wir gingen gemeinsam zum Aufzug. Ich hoffte, dass uns der Security-Mann nicht über den Weg laufen würde. Im Aufzug zog Hannah ein schwarzes Tuch aus ihrer Schürzentasche. „Sie erlauben, dass ich Ihnen die Augen verbinde? Das gehört hier zum Spiel dazu." Ich nickte ergeben und sie band mir mit einem leichten Schnaufen das Tuch um die Augen und zog den Knoten am Hinterkopf fest. „Sehen Sie noch was?"

Ich schüttelte den Kopf. Kaum waren meine Augen nicht mehr in Aktion, hörte ich meinen Magen grummeln. Sicher, ich hatte viele Häppchen gegessen, aber diese ganze Arbeit mit Leila hatte mich verdammt hungrig gemacht. Ich hoffte sehr, dass die Überraschung mit Essen zusammenhing. Die Aufzugtür ging auf. Da hörte ich, wie jemand mit besorgter Stimme fragte: „Nina, bist du das?" Ich wandte hilfesuchend den Kopf in die Richtung der Stimme. Sie kam mir irgendwie bekannt vor. „Nina, was ist denn los, warum trägst du eine Augenbinde?" Ich war mir unsicher, aber war das nicht die Stimme von Eva, der netten Kindergartenmutter, bei deren Sohn Lasse schon mal eingeladen war?
„Hallo Eva", sagte ich, „alles in Ordnung. Ich bin hier ...", ich zögerte, „Teil einer Art Studie. Wir sehen uns sicher diese Woche noch, mach's gut." Gut, dass mir das gerade noch eingefallen war, wie hätte ich auch sonst meine Situation erklären sollen? Der Tag, an dem ich Schuhe klaute und der sich zum tollsten Tag meines Lebens entwickelte?

Hannah zog mich ungeduldig weiter. „Wir kommen noch zu spät, jetzt ist keine Zeit zum Quatschen." Ich lächelte, sicher war sie ganz nett, sie zeigte es nur nicht so. Vorsichtig setzte ich einen Fuß vor den anderen. „Aufgepasst, hier geht's rechts rum", warnte mich Hannah. Die kleine Unterbrechung von Eva ließ mich an zu Hause denken, wie es meinen Lieben wohl ging so ganz ohne mich? Plötzlich hatte ich Sehnsucht und wollte zu ihnen. Aber ich gab mir einen Ruck – das, was heute und hier mit mir passierte, wollte ich mir auch auf keinen Fall entgehen lassen. Die drei liefen mir schon nicht weg – oder doch? Ich sah sie schon mit gepackten Koffern das Haus verlassen und mich mit abgelehntem

Sorgerecht wegen Vernachlässigung des Kindeswohls. „Stopp", erinnerte ich mich nachdrücklich, „wie war das doch gleich mit dem Kopfkino, liebe Nina?" Ich lächelte, als ich schon wie das Büchlein mit mir selbst sprach. „Hier sind wir", sagte Hannah, „setzen Sie sich vorsichtig hin, ich erzähl Ihnen gleich, wie's weitergeht." Hannah klang ganz routiniert, so als würde sie das jeden Tag machen, eine Frau mit Augenbinde durch's Kaufhaus schleppen. Ich merkte, wie ein unbändiges Kichern wie Sektblasen in mir hochperlte. So ein verrückter Tag.

Ich tastete vorsichtig auf dem Tisch vor mir und freute mich, als ich tatsächlich eine Gabel und ein Messer entdeckte, auch ein Weinglas stand da rechts vor mir. Sie meinten es hier wirklich gut mit mir. Da fasste ich in etwas Stacheliges. Igitt, was das wohl war? Hannah kam zurück und stellte etwas zwischen meinen Händen ab.

„Halt, noch nicht anfangen", sagte sie in ihrer direkten Art. „Wir haben hier ein paar Spielregeln. Nina, was essen Sie eigentlich am liebsten?"

Ich überlegte nicht lange: „Pasta in allen Variationen, gut angemachte Salate, Pizza Quatro Formaggi und ich liebe Apfelpuffer."

„O. k., da muss ich Sie leider enttäuschen, des gibt's heut alles nicht. Wir sin hier ä oschtändisches Haus, in dem gibt's besonnere Sache." Der Stolz in ihrer Stimme war unüberhörbar. Wenn sie emotional wurde, dann fiel sie immer ins Hessische, dann bemühte sie sich wieder, mit mir Hochdeutsch zu sprechen, was immer ein wenig gestelzt klang. Sie räusperte sich. „Da wird so einiges dabei sein, was eher ungewöhnlich für Sie ist. Wenn's gar nicht geht, stelle ich

Ihnen hier rechts einen Spuckteller hin, aber ich hoffe, den brauchen Sie nicht!" Ich nickte. Jetzt bekam ich es doch mit der Angst zu tun, obwohl mir gleichzeitig das Wasser im Mund zusammenlief, weil es schon irgendwie gut duftete, wenn man von einem sehr ranzigen Geruch, der zwischendrin zu mir hochwehte, einmal absah. „Also, wir haben hier drei kleine Amuse-Gueules auf 12 Uhr, auf 5 Uhr und auf 8 Uhr, nur damit Sie sich orientieren können. Sie dürfen auch die Hände nehmen, hier isst niemand außer Ihnen. Also, kann's jetzt losgehen, bevor all das Arohmah verfliescht?"
Ich holte tief Luft und nickte. „Lassen Sie sich Zeit. In Ihrem Weinglas finden Sie auch was Passendes, nur zu Ihrer Information. Dann wünsch ich Ihnen guten Appetit und wohl bekomms!"

Ich bedankte mich, spürte noch, wie Hannah eine große Stoffserviette auf meinem Schoß ausbreitete, und hörte sie davonstapfen. Mein Magen knurrte und ich war gespannt, was mich da erwartete. Vorsichtig tastete ich auf meinem Teller herum und griff gleich in etwas Glibberiges. Vorsichtig rollte ich es zwischen Daumen und Zeigefinger und roch dann an meiner Hand. Oh, alles gut, das roch leicht fischig, schien Kaviar zu sein. Vornehm ging die Welt zugrunde ... Ich tastete nach meiner Gabel, um den Kaviar aufzugabeln, aber das war ein hoffnungsloses Unterfangen. Einen Löffel konnte ich nicht entdecken, also griff ich beherzt in die glibberige Masse und schleckte sie von meinen Fingern. Als ich auf die Körnchen draufbiss, entfaltete sich ein köstlicher Geschmack, der sich gefühlt bis in meinen Hinterkopf ausbreitete. Nun verstand ich, warum alle so ein Getue um diesen Kaviar machten. O.k., das war Nummer eins. Ich griff nach meinem Glas, konnte es gerade noch auffangen, bevor es umfiel, und hielt es an meine Nase, schwenkte es, wie Finn es mir mal nach einer Weinprobe mit hochkarätigen Kunden beigebracht hatte. Hmmm, wunderbar, ein Aroma von frischem Gras, Mirabellen und ein Hauch von Muskat. Das war bestimmt ein Weißwein. Ich kostete ihn und er floss wunderbar mit dem Geschmack des Kaviars zusammen.

Ich wappnete mich für die nächste Runde. Was gab's denn Feines auf 12 Uhr? Vorsichtig roch ich an den härteren Stückchen. Und ich hätte fast gewürgt, so ein uralter Käsegeruch kam mir entgegen. Nix gegen alten Käse, aber der war bestimmt schon zehn Jahre abgelaufen. Sollte ich oder nicht? Ich sah Leilas Gesicht vor mir. „Wir wissen gar nicht, was wir verpassen, wenn wir den Mut nicht aufgebracht hätten ..." Mit Todesverachtung biss ich in den Käse und merkte, wie es zwischen meinen Zähnen knirschte. Sicher grobkörniges Salz, dachte ich, aber da fing es an zu kitzeln, als würde etwas auf meiner Zunge herumkrabbeln. Das war ja widerlich! Ich tastete hektisch mit der rechten Hand nach meinem Spuckteller. Gerade konnte ich mich noch zurückhalten, die Augenbinde herunterzureißen. Hilfe, war das eklig! Schnell einen Schluck Wein hinterher.
Also gut, ich schüttelte mich – weiter ging's. Rechts gab es noch etwas. Ich fühlte etwas Hartes, Kleines in der Größe eines Tischtennisballs und es war warm. Nach mehreren Runden Betasten, bei dem eine Flüssigkeit mir die Finger herunter lief, als ich die Dinger hoch hielt, war ich mir sicher, dass das Weinbergschnecken waren. Nun ja, hatte ich schonmal gesehen aber noch nicht gegessen. Mutig fischte ich nach der Gabel und versuchte, die Schnecke

rauszuziehen. Das war gar nicht so leicht, aber irgendwann flutschte mir etwas entgegen, das ich vorsichtig zum Mund führte. Es kaute sich ganz angenehm, ein bisschen wie Kalbfleisch und schmeckte köstlich nach Knoblauchbutter. Das war eine Wohltat nach dem ekligen Käse. Ich tastete nach mehr und machte auch den anderen Schnecken den Garaus.

Puh, jetzt war ich aber schon ganz schön aus meiner Komfortzone rausgegangen, das war echt was anderes als meine Kinder-Alltagskost mit Schupfnudeln, Maultaschen und Spaghetti Bolognese. Aber satt machte das nicht, ich hoffte, dass jetzt mal etwas „Oschtändisches" kam. Und Hannah kam, als hätte sie es gerochen. Sie blieb stehen, ich konnte schon riechen, dass ihr etwas nicht gefiel. „Entschuldigen Sie die Sauerei, die ich hier veranstaltet habe, ist gar nicht so einfach ohne Hingucken", versuchte ich ihr den Wind aus den Segeln zu nehmen.
„Des Beschte hawwe se ausgeschpuckt, awer der Pecorino Sardo is halt nur was fer Geniiießer, gell." Ich beschloss das zu Hause zu googlen, was mir hier Wertvolles entgangen war. „Hiermit können Sie Ihre Hände reinigen" Sie reichte mir ein nach Zitrone duftendes heißes Baumwolltuch. Ich drückte es erst in mein Gesicht und wischte dann meine Hände sauber und seufzte dabei wohlig. Da stieg auch schon der nächste Duft in meine Nase, erneut ein leichter Fischgeruch. „Und weiter geht's", feuerte mich Hannah an.
„Kein Problem", grinste ich.
„Rechts finden Sie Ihren Löffel", informierte sie mich noch.
„Könnte ich etwas Wasser haben, bitte?"
„Ja, bring ich Ihnen." Ich beugte mein Gesicht zum Teller herunter. Das roch köstlich! Ich steckte den Löffel in den

Teller und es war eine Art Brei, den ich gut zum Mund führen konnte. Ah, Risotto, das auf der Zunge verging. Leider war ich immer zu faul, um Risotto zuzubereiten, weil man da eine Stunde lang rühren musste, aber eigentlich mochte ich es sehr gerne. Für was ich wohl sonst noch in meinem Leben zu faul war? Aber egal jetzt, ich wollte das Essen genießen, gegrübelt hatte ich heute schon genug. Ich biss vorsichtig in die dicken Reiskörner mit ihrer perfekten Konsistenz, aber da stellte sich etwas quer, was sich knusprig biss, aber auch ein bisschen grätig anfühlte. Ich zog es vorsichtig aus meinem Mund und roch daran. Es roch eigentlich nicht schlecht. Vorsichtig biss ich drauf, innen hatte es eine cremige Konsistenz, gar nicht schlecht. Nur die Gräten oder was das war, kratzten mir ein wenig im Hals. Mit zunehmendem Appetit aß ich weiter. War sehr gespannt, ob mir Hannah nachher eine Auflösung servierte. Meinen Wein hatte sie auch nachgeschenkt. Ich musste wirklich langsamer trinken, sonst konnte ich nachher nicht mehr klar denken, wenn ich wieder bei Leila war.

So langsam stellte sich ein Sättigungsgefühl ein. Ich lehnte mich zufrieden zurück. Überhaupt war ich sehr zufrieden mit mir, dass ich hier so tapfer mitmachte bei allen mir unbekannten Sachen. Ich könnte Finn mal einladen zu einem „Dinner in the Dark", ob ihm das gefallen würde? Ich glaubte zwar eher nicht. Aber von mir hätte ich das auch nicht gedacht und siehe da, es gefiel mir ganz ausgezeichnet. Hannah, meine Servicefee, kam herbei und räumte mit einem zufriedenen Brummen meinen leer gegessenen Teller ab. „Espresso?", fragte sie. Ich nickte wohlig.

„Hier ist Ihr letzter Gang für heute, den hawwe Se sisch verdient." Sie stellte erneut einen großen Teller vor mir ab. „Nehmen Sie den Löffel, sonst wird's matschig."

„Danke für den Hinweis", ich lächelte freundlich, Hannah entfernte sich und ich war allein mit etwas, das extrem schokoladig roch. Hmmm, ich suchte mit dem Löffel, bis ich auf leichten Widerstand stieß und führte meine Beute zum Mund. Es schmeckte so weich und cremig und intensiv schokoladig, wie es roch, einfach fabelhaft, aber plötzlich musste ich husten. Wo kam denn jetzt diese Schärfe her? Chili war das nicht. Ich schmeckte vorsichtig, während ich mir die Tränen mit der Augenbinde auftupfte. Ich kannte diesen Geschmack von den grünen Erdnüssen. Ja klar, das war Wasabi. Ich war stolz auf mich, dass ich das erkannt hatte. Tja und nu? Sollte ich weiteressen, auch wenn es im Nachgeschmack so scharf brannte? Aber die Mousse war so köstlich, dass ich die Schärfe in Kauf nehmen würde. Wie im echten Leben, vielleicht hatte alles Köstliche auch etwas Scharfes, Unerwartetes? Ich war schon ganz quer im Kopf von dem ganzen Psychokram, dachte ich und machte mich Bissen für Bissen auskostend über meine Mousse her. Die Schärfe überraschte mich jetzt nicht mehr, wenn es zu schlimm wurde, nahm ich einen Schluck Espresso und ich genoss auch das etwas wunde Gefühl auf meiner Zunge und am Gaumen, denn es fühlte sich so lebendig an.

Meine Güte, wenn ich das Finn erzählen würde. Ich, die sonst schon bei einem milden Curry vom Inder herum zickte, dass es ihr zu scharf sei. Es war doch verblüffend, wie schnell man Vorurteile über Bord werfen konnte und das alles aufgrund eines schwarzen Tuches. Aber ich konnte

draußen im Reallife auch nicht immer mit einem schwarzen Tuch herumlaufen. Vielleicht gelang es mir ja, zumindest gelegentlich mein Brett vor dem Kopf abzunehmen. Ich hörte Hannah kommen. „Nina, hat's Ihnen geschmeckt?"
Ich nickte begeistert. „Sagen Sie recht herzlichen Dank an alle, die diese Köstlichkeiten zubereitet haben, was bin ich Ihnen schuldig? Ich tastete nach meinem Geldbeutel in meiner Hosentasche."
„Das geht auf's Haus, wie alles andere auch. Aber freut mich, dass es Ihnen geschmeckt hat und ich gebe Ihre Komplimente gern weiter. Darf isch bitte, wir sin schun widda üwwer der Zeit."
Oh, gab es einen Zeitplan? Ich stand vorsichtig auf. Sie löste mir die Augenbinde und ich konnte einen Blick auf das Schlachtfeld auf meinem Tisch werfen. Peinlich, peinlich, aber wo gehobelt wird, fallen Späne oder so ähnlich. Wir traten durch die Tür des Separees und ich erblickte die anderen Gäste beim Dinieren. Ebenso erhaschte ich einen Blick auf die Karte des Tages: Heuschreckenrisotto, oh mein Gott. Das wäre mir sehend nicht auf die Zunge gekommen. Aber ich musste kichern. War gar nicht so übel, das konnte ich ja demnächst nachkochen, meine Familie würde sich freuen. O. k., vielleicht war ich auch ein wenig betrunken. Das Leben schien mir plötzlich so viel leichter und spannender zu sein. Was so ein bisschen Auszeit und ein gutes Essen nicht ausmachten.

VII

Springe täglich über deinen Schatten und nutze deine Ängste als Wegweiser für dein Wachstum.

Es kam mir schon vor, als würde ich nach Hause kommen, als ich erneut Leilas Büroraum betrat. Sie telefonierte gerade und Hannah nickte mir fast freundlich zum Abschied zu. „Viel Spaß noch bei der weiteren Prozedur!" Na, das hörte sich an. Aber aktuell fühlte ich mich unbesiegbar, ich war heute schon so oft aus meiner Komfortzone gehüpft, da kam es jetzt auch nicht mehr drauf an. Leila wandte sich mir zu und sah mich prüfend an. „Habe ich noch Essensreste im Gesicht hängen?", fragte ich.
„Nein, nein, ich wollte nur schauen, wie du die Erfahrung überstanden hast."
„Gut eigentlich, glaube ich. Ein sehr ekliger Käse war dabei, falls es Käse war, aber der Rest war unglaublich."
Sie trat ans Fenster, ich folgte ihr. „Ja, der Pecorino Sardo ist wirklich gewöhnungsbedürftig, aber ich mag ihn, die Maden kitzeln so lustig."
Ich trat einen Schritt zurück und würgte: „Die waren lebendig?"

Leila musste sich ein Lachen verkneifen. „Klar, wenn sie tot sind, ist der Käse auch tot und sollte nicht mehr gegessen werden."

Ich schüttelte den Kopf. „Da macht man was mit!" Langsam ging die Sonne unter, die Wolken färbten sich in einem zarten Rosé, das mich an meine Schuhe erinnerte. Ich schaute mich nach ihnen um und schlüpfte hinein. Sie schlossen sich erneut wie eine zweite Haut um meinen Fuß und ich stolzierte damit wieder zum Fenster. Tatsächlich merkte ich, dass ich mich unweigerlich aufrichtete. Irgendwie strahlten diese Zauberschuhe auf meinen ganzen Körper aus.

„Gut siehst du aus", sagte Leila.
„Mir geht's auch gut." Und ich meinte es ernst. Irgendetwas hatte sich verändert. Aber das konnte nicht von ein paar Schnecken, Fischeiern und Heuschrecken kommen.
„Du warst mutig", stellte Leila fest.
Ich winkte ab. „War eigentlich keine große Sache. Und ich hatte Vertrauen, dass ihr es hier gut mit mir meint, das hat mir geholfen."
Leila machte eine umfassende Handbewegung zur Stadtsilhouette, die sich vor uns ausbreitete. „Das da ist auch nicht anders, das Leben da draußen. Du kannst es dir wie ein Mehr-Gänge-Menü oder wie ein großes Überraschungsbüffet vorstellen."
„Ich weiß nicht. Das sind schon größere Veränderungen, die auf mich warten, wenn ich an die lange Liste in meinem Lebensbuch denke", erwiderte ich.
Leila fragte: „Kennst du den? Wie isst man einen Elefanten?"
Ich schüttelte den Kopf.
„Na, Bissen für Bissen."

Ich legte die Hand auf meinen Bauch. Zu deutlich konnte ich mir das vorstellen. „Also gut, ich hab's verstanden. Hier mit dir scheint mir das einigermaßen leicht. Ich bin sozusagen vorgeglüht durch unsere Gespräche, ich fühle mich in einem sicheren Rahmen, weil ich euch vertraue. Aber da draußen in der freien Wildbahn ..."
„... wimmelt es nur so von Raubtieren und Gefahren? Ist das das Weltbild, das du hast?"
Ich nickte etwas beschämt. „Ja, zumindest bis heute. Ich bin schon ein eher misstrauischer Mensch."

Leila lud mich ein, mich wieder zu setzen. Ich kuschelte mich in den bequemen Sessel. „Was tust du, wenn dir eine Herausforderung begegnet, also zum Beispiel ein Konflikt mit Finn, Krach mit deinen Kindern oder deiner Schwiegermutter, oder du dir ein Ziel in den Kopf gesetzt hast, das du unbedingt in die Wirklichkeit bringen willst?"
Ich dachte einen Augenblick nach. „Also, ich bekomme dieses ängstliche Flattern im Bauch und dann geht es meist so: Entweder ich kneife oder ich werde aggressiv oder gemein und versuche, mit aller Gewalt mein Ding durchzuziehen."
„Geht es dir damit gut mit diesen Reaktionen?"
„Nein, natürlich nicht. Entweder es wird wahnsinnig anstrengend, weil ich mich so aufrege und es meistens in einem Machtkampf endet, oder ich fühle mich wie ein Feigling und mein Selbstbewusstsein fährt mal wieder in den Keller."
„Hast du Angst vor der Angst?", fragte Leila.
Ich lachte verlegen. „Kann sein. Sie ist bei mir so was wie ein Vorwarnsystem, dass etwas nicht passt und meistens geht es dann auch ganz unangenehm weiter."

„Hast du Lust, dass wir uns das mal näher anschauen?"
Ich schaute auf meine Fingernägel, unter denen sicher noch einige Fischeier klebten und rutschte auf meinem Sessel hin und her. „Lust habe ich keine, aber ich würd's mir mal anschauen. Auch wenn ich nicht glaube, dass du da schnell etwas machen kannst. Die Angst sitzt bei mir, glaube ich, ziemlich tief."

Leila nickte. „Nur mal angenommen, ich würde dich jetzt hier rausschicken aus der zehnten Etage zu einem Bungee-jump kopfüber nach Frankfurt City."
Ich zuckte zurück, während es mir heiß in den Bauch fuhr. „Das ist nicht dein Ernst!"
„Keine Sorge, Nina, das ist noch nicht in unser Programm integriert, aber ich habe schon darüber nachgedacht", lachte sie und sah gleich noch zehn Jahre jünger aus. Erleichtert atmete ich aus. Sie beobachtete mich. „Hast du gemerkt, was du gemacht hast als, als dein Schreck vorbei war?"
„Ich habe geseufzt oder ausgeatmet", überlegte ich.
Leila nickte. „Das ist das beste Mittel gegen die Angst, das ich kenne: Gleichmäßig atmen und den Fokus auf das Ausatmen legen. Wenn wir Angst haben, halten wir den Atem an. Angst kommt vom alten Wort Enge. Wir ziehen uns zusammen, machen uns klein vor lauter Schreck und sind dann nicht mehr optimal handlungsfähig. Unser Reptilienhirn springt an, weil die anderen Gehirnteile überfordert sind mit schnellen Reaktionen und wir reagieren wie die Dinosaurier. Entweder mit Kämpfen, Fliehen oder Totstellen, wenn wir die beiden anderen Optionen als chancenlos einschätzen." Ich nickte bedächtig, da war was Wahres dran.
„Komm, wir gehen noch mal ans Fenster. Stell dir einfach

mal vor, du müsstest hier runterspringen und du weißt jetzt, was du als Erste-Hilfe-Maßnahme bei Angst machen kannst. Was tust du?"
Ich holte tief Luft und versuchte, gleichmäßig weiter ein- und auszuatmen. Ich war nicht schwindelfrei, wenn ich nach unten schaute, zog es mir den Boden unter den Füßen weg. „Ich konzentriere mich auf den Augenblick, ich gehe Schritt für Schritt an die Rampe, achte auf meinen Atem. Aber dann stehe ich da. Springen würde ich deswegen noch lange nicht, auch wenn ich es bis an die Rampe geschafft habe."

„Auch nicht, wenn du es wirklich wolltest? Stelle dir vor, dein größter Wunsch wäre es, einmal in deinem Leben Bungee zu springen. Oder du wolltest dir selbst beweisen, dass du diese Herausforderung schaffst – vielleicht stellvertretend für viele Herausforderungen, die noch kommen."
Ich überlegte, während ich leicht vor der Glasscheibe schwankte. „Vermutlich würde ich mich selbst überlisten, einmal tief Luft holen und einen Schritt nach vorne machen. Aber mir wird schon bei dem Gedanken daran absolut schlecht." Ich wich einige Schritte zurück und atmete aus.
„Deine Strategie finde ich toll. Also erstens geht es darum, sich bewusst zu machen, welcher Sinn für dich in dieser Herausforderung steckt, welchen Nutzen du vielleicht davon haben wirst. Zweitens geht es nicht darum, zu warten, bis die Angst weg ist, sondern mit der Angst beherzt dennoch den nächsten Schritt zu gehen. Es fühlt sich vielleicht so an wie beim ersten Mal, als du als Kind freiwillig den Kopf unter Wasser getaucht hast. Du hast dir die Nase zugehalten, tief Luft geholt und bist untergetaucht – und warst wahnsinnig stolz, als du wieder aufgetaucht bist."

Ich erinnerte mich an Lasse, der gerade im Seepferdchen-Schwimmkurs war, und nickte. Genau das hatte ich vor wenigen Wochen bei ihm beobachten können und ich war absolut stolz auf ihn gewesen.

„Ist denn nach diesem Schritt noch Angst übrig, was meinst du?", fragte Leila.

„Ich glaube nicht, vielleicht so was wie Aufregung und ein Adrenalinschub. Auf alle Fälle ganz viel Energie. Aber direkt danach ist, glaube ich, keine Angst mehr da. Beim Bungeespringen wäre ich vermutlich viel zu sehr mit meiner neuen Erfahrung beschäftigt, als dass ich noch Angst haben könnte."

„Kennst du eigentlich Jim Knopf und Lukas den Lokomotivführer?"

„Das fragst du mich, den größten Fan aller Zeiten? Wir haben die Bücher gelesen und die Kinder lieben die Filme der Augsburger Puppenkiste!"

„Da gibt es doch diese Szene, als die beiden mit ihrer Lokomotive durch die Wüste fahren und in der Ferne den Riesen sehen."

„Genau, Herrn Tur Tur."

„Du kennst dich aus. Und als sie auf ihn zufahren, wird er nicht wie erwartet immer größer, sondern kleiner, weil er ein Scheinriese ist. Ich glaube, das ist ein gutes Bild für unsere Angst. Wenn wir unsere Angst als einen Scheinriesen wahrnehmen und ihr richtig ins Auge sehen, wenn wir auf sie zugehen, wird sie kleiner."

„Aber das heißt auch, dass wir sie nicht verdrängen, oder?"

„Genau, Verdrängung ist der schnellste Weg, dass die Angst sozusagen unterirdisch zu einem Monster werden kann, das uns den Schlaf raubt und das unser Sorgenkarussell in

Gang hält, wenn wir sie wegschieben. Sorge ist sozusagen die kleine Schwester der Angst. Nein, Angst ist ein Gefühl und wie jedes Gefühl möchte sie gefühlt werden, das ist ihre Bestimmung."

„Habe ich dich richtig verstanden: Wenn ich also auf die Angst zugehe, sie fühle und trotzdem weitergehe, kann sie mir nichts anhaben?"

„Genau, wie beim Untertauchen oder Springen. In dem Moment, in dem du den letzten Schritt durch sie hindurch gehst, ist sie weg, weil sie dann ihren Zweck erfüllt hat."

Ich lief ein paar Schritte auf und ab und fühlte mich ganz kribbelig, weil ich merkte, dass hier eine lebenswichtige Info auf mich wartete. „Was ist denn ihr Zweck, warum gibt es sie überhaupt?"

„Angst ist die Hüterin der Schwellen."

Ich schaute Leila fragend an.

„Angst beschützt uns vor den nächsten für uns wichtigen Schritten und Entscheidungen. Sollten wir keine Angst haben, dann ist die Sache für uns vermutlich gar nicht so wichtig. Vielleicht kennst du den Spruch ‚Wo die Angst ist, da ist der Weg'?"

Ich nickte, hatte ihn aber nie so richtig verstanden.

„Der Weg, der mit Angst oder dieser inneren Aufgeregtheit verbunden ist, die wir öfter mal mit Angst verwechseln, ist ein für unsere Entwicklung wichtiger und richtiger Weg. Da es aber für uns auch um einiges geht, warnt uns die Angst davor, uns hier nicht leichtfertig reinzustürzen. Sie möchte ein Signal setzen, dass wir aufmerksam mit all unserer Energie und unserem Fokus auf diesem Weg gehen."

Ich nickte. „Aber es gibt auch die Angst, die uns einfach vor Gefahren warnt, dass wir etwas gerade nicht tun sollen.

Zum Beispiel bei Kindern, in einen reißenden Fluss springen oder vor ein Auto laufen – und wie unterscheide ich das dann von der anderen Angst, die mir den Weg zeigt?"

Leila nickte und schaute mich stolz an. „Ich bewundere es, wie du den Dingen auf den Grund gehen willst. Ich bin froh, heute mit dir hier zu sein."
Es kribbelte warm in meinem Bauch, weil ich mich so über ihre Wertschätzung freute.
„Also, zurück zum Thema. Du merkst es folgendermaßen: Wenn du die Angst spürst und gleichzeitig ein tief in dir schlummerndes begeistertes Ja, dann bist du bereit, über die Schwelle zu gehen."
„Und wenn nicht?"
„Dann warnt sie dich wirklich vor einer Gefahr oder die Zeit ist noch nicht reif. Das ist diese Sache mit dem Kairos, den die alten Griechen als den richtigen Moment definiert haben. Für alles im Leben gibt es einen richtigen Moment. Vielleicht hast du es selbst schon mal erlebt, als du irgendwas auf Biegen und Brechen tun wolltest und sich dir jede Menge Hindernisse in den Weg gestellt haben. Und zu einem späteren Zeitpunkt hat das gleiche Vorhaben einfach spielerisch geklappt, fast ohne Anstrengung."
Ich nickte und erinnerte mich an unseren Haussuche-Marathon. Wir wollten unbedingt in einem bestimmten Vorort bauen, aber alles schien sich gegen uns verschworen zu haben, die Preise stiegen ständig, jedes Grundstück hatte größere Mängel, unsere Bank stellte sich quer … Und zwei Jahre später, wie durch einen Zufall, stießen wir auf dieses Reihenhaus, in dem wir jetzt wohnten.

Leila nickte. „Ja, das ist ein gutes Beispiel und es gibt sicher noch mehrere davon in deinem Leben."
Ich hatte vergessen, dass sie immer wieder in mir lesen konnte wie in einem offenen Buch.

„Die Angst zeigt dir, dass da etwas liegt, bei dem du verändert herausgehen wirst. Sie ist sozusagen dein Veränderungssignal. Du darfst entscheiden, ob du dich verändern willst oder nicht, ist das nicht toll?"
„Manchmal wär's mir lieber, jemand anders gibt mir einen Schubs, damit ich meinen Hintern hochkriege."
„Ja, ich glaube, das wünschen wir uns alle. Aber interessanterweise führt uns genau das zum nächsten Thema. Wer ist eigentlich für dein Leben verantwortlich?"
„Uff", stöhnte ich. „Können wir mal eine kleine Pause machen, mir schwirrt schon der Kopf."
„Klar, kein Problem. Komm, setz dich." Leila ging zur Bar in ihrem Wandschrank. Es zischte und sie reichte mir eine Flasche. „Probier mal, ‚wuma' heißt auf Afrikanisch Kraft, das ist ein in Deutschland gebrauter Energy-Drink mit vielen Vitaminen und Guayana, das wird dich wieder munter machen. Und ich verspreche dir, das ist die letzte anstrengende Runde für heute."
Wir stießen die Flaschen aneinander. „Auf dein Leben", lächelte Leila und sah mir tief in die Augen.
„Auf den Tag, der alles auf den Kopf stellt", lächelte ich zurück.

VIII

Übernimm Verantwortung und gestalte mit jeder kleinen Entscheidung dein Leben so, wie du es haben willst.

Das unbekannte Getränk schmeckte gar nicht schlecht. Eine wohlige Wärme breitete sich in mir aus. Tatsächlich schienen mir Kraftreserven zuzuströmen.
„Kennst du diese 40-Prozent-Regel von den amerikanischen Elitetruppen?", fragte Leila verschmitzt.
Ich schüttelte den Kopf, war mir aber nicht so sicher, ob ich sie hören wollte. Schließlich war ich nun wirklich kein Marines-Typ …
„Wenn wir denken, wir können nicht mehr und durch diesen Punkt hindurchgehen, wie eben bei der Angst, dann können wir noch mal mindestens 40 Prozent Energiereserven mobilisieren."
„So schlimm erschöpft bin ich jetzt auch noch nicht", sagte ich. „Ich dachte ja nur an eine kurze Pause und mit diesem Powerdrink hier ist alles wieder gut und wir können weitermachen." Ich sah sie erwartungsvoll an.

Leila stand auf. „Wer, denkst du, hat die Verantwortung für das, was dir in deinem Leben passiert?"
Ich zuckte mit den Schultern. „Na, vieles habe ich Umständen zu verdanken, die ich nicht verändern kann und einiges liegt sicher in meiner Verantwortung. Und manches ist einfach angeboren, oder? Zum Beispiel, dass die einen eher introvertiert und die anderen extrovertiert sind, das beeinflusst unsere Möglichkeiten?"
„Ja, das ist die Diskussion, was wir beeinflussen können und was uns sozusagen in die Wiege gelegt ist. Da gibt es sehr viele unterschiedliche Aussagen. Ich halte mich an die Glücksforscherin Sonja Lyubomirsky die herausgefunden hat, dass unsere Lebenszufriedenheit zu 10 Prozent von den äußeren Umständen abhängt. 50 Prozent werden beeinflusst durch unsere genetischen Anlagen, die wir kaum beeinflussen können, und 40 Prozent tragen wir selbst mit unserer inneren Einstellung zu unserem Glücksempfinden bei. Wie findest du das?"
„Ich hätte nicht gedacht, dass die Umstände nur 10 Prozent ausmachen. Also, lass mich rechnen. Wenn wir also einigermaßen gute Umstände haben und unsere Gene nicht allzu verkorkst sind, dann steht unserer Lebenszufriedenheit eigentlich nichts im Wege, oder?"
Leila lachte. „Sollte man meinen, aber der Knackpunkt bei vielen Menschen liegt tatsächlich in den 40 Prozent, die über die Einstellung beeinflusst werden können. Und damit steht es oder fällt es, ob das Leben dann auch gelingt – und das ist vielleicht der schwierigste Part."

Ich suchte mir eine neue Position im Sessel, es machte mich verrückt, dass Leila die ganze Zeit auf und ab lief, wie

ein Tiger im Käfig. Das Thema schien sie sehr zu bewegen. „Diese Einstellungen sind über viele Jahre gewachsen und ich denke, da hat unser Umfeld, wie wir aufgewachsen und gefördert wurden oder eben auch nicht, ja eine Menge dazu beigetragen, dass wir jetzt sind, wie wir sind."
„Genau. Aber diese Einstellungen und unser ganzes Wahrnehmungs- und Glaubenssystem sind eben nicht in Stein gemeißelt. Vor der Mittagspause hatten wir damit gerade angefangen. Du hast gesehen, dass es möglich ist, einzelne Einstellungen auseinanderzunehmen und ganz neu wieder zusammenzusetzen. Unser Gehirn ist formbar bis ins hohe Alter und wir können alte Verknüpfungen sozusagen austrocknen lassen und neue Verknüpfungen schaffen und verstärken. Diese neuen Verknüpfungen in Form von neuen Einstellungen und Verhaltensweisen bekommen nach einer Zeit des Übens so etwas wie eine Ummantelung, das kannst du dir vorstellen wie ein abgeschirmtes Kabel. Also, lass uns ein paar Glücksstrippen in deinem Hirn ziehen!"; sie sah mich wieder mit diesem intensiven Blick an.

„Wenn ich mich an die Arbeit mit meinem negativen Satz vor dem Mittagessen erinnere, war das ganz schön anstrengend, den zu zerlegen. Ich weiß nicht, ob ich das in meinem Alltag in größerem Umfang schaffe, da so dranzubleiben mit den Sätzen, die mir negativ auffallen und die ich in Glückskabel verändern will", ich grinste schief.
„Würde es dir etwas ausmachen, dich zu setzen, du machst mich ganz nervös, wenn du so hin- und herläufst."
Leila nickte und setzte sich. „Klar, das ist keine Aufgabe, die in wenigen Stunden erledigt ist. Wichtig ist, dass dir

das Prinzip klar ist, worum es geht und wie du damit umgehen kannst. Du wirst dich sicher nur hinsetzen und daran arbeiten, wenn dich eine Einstellung sehr belastet. Aber das ist in Ordnung. Über die Zeit schaffst du dir da eine gute und tragfähige Vernetzung, also stress dich damit nicht."

Ich lehnte mich zurück und verschränkte die Arme. „Aber das war's noch nicht, oder? Irgendwas ist doch hier noch im Busch, sonst wärst du gerade nicht so aufgeregt?"
Leila errötete, was sie erneut jünger wirken ließ. „Nina, du hast recht. Es gibt da noch etwas. Bisher haben wir uns mehr auf der psychologischen und praktischen Ebene bewegt, aber mich beschäftigt noch etwas Umfassenderes, die spirituelle Ebene."
„Wusste ich's doch, dass da noch was ist. Mit Spiritualität hab ich's leider nicht so, das hast du dir sicher schon gedacht. Ich bin mehr der pragmatische Typ."
„Ich weiß, deswegen fällt es mir so schwer, mit dir darüber zu sprechen." Sie holte tief Luft. „Kannst du dir vorstellen, dass du für alles, was dir im Leben begegnet, zu einhundert Prozent selbst verantwortlich bist? Du bist für deine finanzielle Situation verantwortlich, dafür, welchen Partner du hast, wo und wie du wohnst, welche Freunde du hast, welchen Job du ausübst. Kannst du da mitgehen?"
Ich schluckte. „Heute Morgen hätte ich dich noch für verrückt erklärt, inzwischen denke ich zumindest darüber nach", versuchte ich mich geschickt aus der Affäre zu ziehen. Da fiel mir etwas ein. „Du meinst aber, ich bin auch dafür verantwortlich, wenn ich einen Unfall habe, wenn

ich krank werde, wenn ich von meinem Partner verlassen werde, wenn mein Kind stirbt? Das ist mir echt zu krass."
Leila dachte nach. „Es wird immer Dinge geben, die du nicht beeinflussen kannst und für die du nicht verantwortlich bist, weil die Natur ihren Lauf nimmt, wie z.B. wenn ein Kind im Mutterbauch nicht überlebensfähig ist oder ein schwaches Herz am Ende seiner Lebenszeit ist oder du in einen Hurrikan oder ein Erdbeben gerätst. Bei Unfällen oder Krankheiten ist es aber nicht immer eindeutig, ob du sie in irgendeiner Form selbst verursacht hast oder ob das Schicksal hier zuschlägt beispielsweise in Form eines Gendefekts oder Ähnlichem. Auch hier ist man am Forschen, ob es beeinflussbar ist, ob eine genetische Disposition sich dann auch wirklich in einer Krankheit ausprägt."

„Das ist starker Tobak, oder?"
„Ich weiß", seufzte Leila. „Aber nur mal angenommen, alles wäre mit allem verbunden und wir wären Teil dieses großen Systems. Wir würden bestimmte Energien in Form von lebensfreundlichen oder lebensfeindlichen Gedanken, Einstellungen und Gefühlen ins System geben. Dann ist es doch vorstellbar, dass Teile davon wieder zu uns zurückkommen. Stell dir vor, das ist, wie wenn ich einen Stein ins Wasser werfe. Das hat Auswirkungen auf das ganze System, die Wellen kommen aber auch zu mir zurück."
„Aber dann ist mein Anteil deutlich dramatischer für das große Ganze. Dann hat mein Verhalten eben nicht nur direkte Auswirkungen auf mich, sondern ich habe die Macht, das große Ganze noch negativ zu beeinflussen, wow."
Ich merkte, wie mir alleine der Gedanke daran zu viel war.

„Aber umgekehrt hast du damit auch viel mehr Gestaltungsmöglichkeiten, als du bisher geglaubt hast. Stelle dir nur mal vor, du würdest es schaffen, möglichst viel Freude, Liebe und Gutes in das große Ganze zu geben, dann würdest du nicht nur selbst glücklicher, sondern du würdest die Welt auch ein bisschen freundlicher und heller machen?"

Mir fiel etwas ein. „Ich stand neulich in unserer Metzgerei, da wurde die Metzgereifachverkäuferin von einem Kunden angesprochen, dass sie immer so fröhlich wirken würde und so freundlich zu den Kunden wäre. Dann hat sie geantwortet ‚Ja, warum sollte ich auch nicht? Mir geht's gut und warum sollte ich die anderen nicht teilhaben lassen?' Ich war echt beeindruckt von dieser Frau und das kleine Erlebnis hat noch einige Stunden meine Laune verbessert, meinst du sowas in der Richtung?"
Leila nickte. „Das ist ein wunderbares Beispiel. Du warst als Kundin nur zufällig dabei und hast dich gefreut. Der Kunde im direkten Gespräch hat etwas Gutes abbekommen, vielleicht wurde sogar die Wurst dadurch ein wenig leckerer? Wir wissen noch viel zu wenig von dem, wie alles auf der Welt tatsächlich zusammenhängt. Und ich möchte dich jetzt nicht mit esoterischen Beispielen bombardieren. Es geht mir wieder nur darum, dass du den Gedanken einmal offen aufnimmst, dass du für so viel mehr als du denkst in deinem Leben verantwortlich bist."

„Gut, darauf kann ich mich einlassen. Nehmen wir mal an, es stimmt und es ist eben nicht egal, wie ich hier als kleine Menschenameise auf der Erde herumkrabble, sondern ich habe wirklich eine Verantwortung – für mein Leben und

vielleicht darüber hinaus." Leila nickte ermutigend. „Wie genau kann ich denn da meine Verantwortung wahrnehmen? Also, ich habe jetzt schon kapiert, dass ich nach und nach an meinen Einstellungen und dem, was ich so glaube und für meine Wahrheit halte, etwas tun kann, aber reicht das auch?"
„Nein, ich denke, da gibt es noch mehr. Zwei große Schlüssel, die du hast, fallen mir noch ein und es sind sozusagen Zwillingsschlüssel: deine Entscheidungen und deine Gewohnheiten. Mein großer Lehrmeister Paulo Coelho hat mal gesagt: ‚Ein Fehler, den man öfter als einmal wiederholt, ist eine Entscheidung.' Und ich würde noch ergänzen, eine Entscheidung, die du mehrmals wiederholst, wird zu einer Gewohnheit."

Ich hob die Hand. „Moment, lass mich mal kurz nachdenken. Das heißt, wenn ich einen Fehler mehrmals mache, dann ist das eine Entscheidung. Also, ich weiß zum Beispiel, dass es ein Fehler ist, abends beim Fernsehen mindestens zweimal an den Kühlschrank zu schleichen, aber ich tue das nun mal regelmäßig. Das ist also eine Entscheidung?"
„Genau, eine Entscheidung, für die du die Verantwortung trägst. Und klar, aus diesen vielen kleinen Entscheidungen werden Gewohnheiten und die sind erst mal gar nicht so einfach zu verändern. Ich sage aber auch gerne, an den Gewohnheiten wirst du erkennen, wer du wirklich bist. – Hast du Lust auf einen kleinen Boxenstopp mit deinem Lebensbuch? Schreib doch mal auf, welche Gewohnheiten du so tagsüber hast, egal, ob sie nun vorzeigbar sind oder nicht."

Ich nickte ergeben und öffnete mein Buch. Leila erhob sich und trat ans Fenster, um mir meine Privatsphäre zu lassen. „Hello again", stand schon auf der nächsten Seite, als ich sie aufschlug, „schön, dass du auch mal wieder da bist!" Ein eingeschnapptes Buch, wer glaubte denn an so was ... Ich ließ mich nicht aus der Ruhe bringen und schrieb „Meine Gewohnheiten" schon mal als Überschrift. Dann begann ich meine abendlichen Gewohnheiten aufzuschreiben, weil ich gedanklich da schon angefangen hatte. Fast kamen sie mir vor wie Rituale.

Wenn die Kinder im Bett sind:

- Das rumfliegende Spielzeug im Eiltempo aufräumen
- Mir einen Vorrat an Essen, das noch übrig oder im Kühlschrank zu finden ist, auf einen Teller laden.
- Die Fernbedienung schnappen und durch's Programm zappen, meistens um einen Herzschmerz-Film zu finden, in dem das Happy End nun mal gesichert ist.
- Finn einen flüchtigen Kuss geben, wenn er dann endlich mal nach Hause kommt.
- Schweren Herzens den Pausenknopf drücken, um zu fragen: „Wie war dein Tag".
- Anschließend weiter meinen Film anschauen, bis mir die Augen zufallen.
- Mich kurz ins Bad schleppen, um wenigstens Zähne zu putzen und mich (nicht wirklich gründlich) abzuschminken.
- Den Wecker stellen.
- Meinem Gedankenkarussell zuhören, das sich munter mit den komischen Situationen des Tages und den To-dos des kommenden Tages beschäftigt.
- Irgendwann hoffentlich einschlafen.

Dann geht es am nächsten Tag weiter:
- Finn einen kleinen Kuss geben.
- Mich kurz recken und durch meine Haare wuscheln.
- Heiß duschen und … (nein, das schreibe ich hier nicht auf).
- Die Kaffeemaschine anstellen und den Tisch für's Frühstück decken.
- Die Kinder möglichst liebevoll wecken.
- Mich immer weiter zwischen den anderen Tätigkeiten anziehen.
- Die Kinder erneut wecken.
- Pausenbrote vorbereiten.
- Nebenbei in einer Frauenzeitschrift blättern.

„Mach mal Pause", schrieb mir das Tagebuch dazwischen. „Und jetzt trete mal einen Schritt zurück, um das, was du aufgeschrieben hast, von außen zu betrachten. Was ist das wohl für ein Mensch, der da schreibt?"
Ich stöhnte innerlich auf und schrieb: „Ein getriebenes Muttertier, eine stinklangweilige Normalbürgerin, eine ganz mäßige Partnerin, eine Frau, die sich so durchhangelt von Tag zu Tag und die ihr Leben so dahintröpfeln lässt."
„Sei nicht so streng mit dir, alles halb so wild", schrieb das Buch. Ich klappte es zu und stützte meinen Kopf in die Hände. Leila schien es beobachtet zu haben und kam zurück zu mir. Sie legte eine warme Hand auf meinen Oberarm.
Tja, ich bin verantwortlich für was auch immer mit mir passiert – das ging mir jetzt nicht mehr aus dem Kopf.

IX

Zeige im Äußeren, wie du dich innerlich fühlen willst. Lass schon jetzt dein größeres Selbst strahlen.

„Entschuldige, wenn das jetzt ein bisschen hart war. Du bist nicht die Einzige, der es so geht. Bitte sei so lieb und schau noch mal in dein Buch. Wie viele deiner kleinen Gewohnheiten kannst du einfach so beibehalten, weil sie vielleicht nicht großartig, aber o. k. für dich sind?"
Ich starrte in mein Buch und krächzte: „Vielleicht die Hälfte?"
„Genau, mindestens die Hälfte. Du bist nun mal Mutter und hast da schlichtweg viele Kleinigkeiten zu tun, die getan werden müssen, und du gibst bereits jetzt dein Bestes."
Ich nickte seufzend. „Und jetzt stell dir vor, du schnappst dir die anderen Gewohnheiten und gibst einfach eine große Prise Aufmerksamkeit oder Präsenz dazu, was würde sich ändern?"
„Ich würde weniger nebenbei tun, sondern versuchen, auch die kleinen Dinge ganz zu tun. Was mich schon morgens stresst, ist, dass ich alles parallel mache und jeden Morgen – da kannst du drauf wetten – passiert noch irgendetwas

Unvorhergesehenes bei den Kindern: Sie streiten sich, die Turnschuhe oder das Mäppchen sind nicht zu finden, Finn schimpft mit ihnen, sie fangen an zu heulen und so weiter. Also brauche ich dafür immer schon so viel Kraft, dass ich erst mal in mich zusammenfalle, wenn meine Familie aus der Tür ist. Aber dann muss ich eigentlich auch schon los und selbst zur Arbeit fahren. Und wenn der Morgen schon so anfängt, ist der Tag gelaufen!"

„Tja, wie könntest du das mit dem, was du eben gesagt hast, ganz behutsam anders machen?" Leila schaute mich erwartungsvoll an.

„Also zum Beispiel konzentriere ich mich auf ein Ding und wende meine volle Aufmerksamkeit dem zu. Wenn ich unterbrochen wurde, wende ich meine volle Aufmerksamkeit der Unterbrechung zu und komme dann wieder zurück zu meiner ursprünglichen Tätigkeit."

„Und das Atmen nicht vergessen. Du kennst sicher die jahrelangen Übungen der buddhistischen Mönche, die Boden schrubben und Geschirr spülen, um mitten im Alltag zu meditieren. Hier ist deine Chance für deine morgendliche Alltagsmeditation!"

Ich sah Leila entsetzt an. „Was, ich soll das auch noch als Meditation auffassen. Du weißt doch, dass ich nicht spirituell veranlagt bin."

„Schon in Ordnung, war ja nur ein Versuch", Leila lächelte etwas gequält.

„Also, wenn du noch etwas an deinem Gewohnheitskarussell ändern könntest, was wäre das?"

„Na klar, mehr Zeiten für mich einbauen."

„An was denkst du da?"

„Ich könnte z. B. in Ruhe vor der Arbeit noch meinen Kaffee trinken und in einer meiner Lieblingszeitschriften blättern, dafür bräuchte ich vielleicht eine halbe Stunde."
„Was müsste vorher anders sein, dass du dir die nehmen könntest?"
„Ich müsste nicht alles auf den letzten Drücker machen, sondern eben aufstehen, wenn der Wecker klingelt, vielleicht abends nicht so super spät ins Bett gehen, dass ich mich morgens gerädert fühle. Ich sehe schon, das zieht einen ganzen Rattenschwanz nach sich."
„Genau, das kennst du doch schon von der Arbeit mit deinem negativen Satz. Wenn du anfängst, Gewohnheiten zurückzuverfolgen, tauchen ganze Gewohnheitsketten auf. Aber wenn du diese Ketten an einem Glied veränderst, z. B. abends ein bisschen früher ins Bett gehst, sollte auch deine viertel oder halbe Stunde morgens drin sein. Und mal Hand aufs Herz, welche der beiden Zeiten bringt dir mehr?"

Ich nickte nachdenklich. „O. k., verstanden. Und wie war das mit den kleinen Entscheidungen, die auf lange Sicht zu meinen Gewohnheiten führen? Woher weiß ich denn, wie ich entscheiden soll?"
„Gute Frage. Wenn du im Stress bist, entscheidet immer dein Bauch und in deinem Bauch sitzt ein Gewohnheitstier, das alles so macht, wie es immer gemacht wird. Das Erste wäre also, sich auch für diese Mini-Entscheidungen einen Moment Zeit zu nehmen, vielleicht nur zwei Sekunden, die müssten eigentlich immer drin sein, um aus der Gewohnheitsschleife auszubrechen. Wenn du also das nächste Mal abends die Kühlschranktür aufmachst, zählst

du einundzwanzig zweiundzwanzig und fragst dich dann, ob du den Joghurt, das Stück Kuchen oder auch die Karotte jetzt wirklich noch brauchst."

„Mein Bauch würde aber auch dann noch Ja sagen."

„Dann fragst du eben nicht deinen Bauch, sondern dein besseres Selbst. Vielleicht kannst du dabei an deine neuen Schuhe denken. Wie würde eine Frau mit diesen Schuhen, deren Leben rundum super läuft, in diesem Fall entscheiden?"

Ich seufzte. „Na klar, diese Frau würde sich abends nicht noch den Bauch vollschlagen, schließlich will sie am nächsten Tag noch in ihre schicken Klamotten passen!"

„Bingo", grinste Leila mich an. „Da hast du deine Antwort. Und du weißt, es ist deine Entscheidung. Du kannst dieses bessere Selbst in dir wachsen lassen oder du kannst dich weiter von deinem Gewohnheitstier steuern lassen. Du hast eine echte Wahl. Aber du hast auch die Verantwortung für diese Wahl. Was mich wahnsinnig nervt an vielen Menschen, ist, dass sie sich ständig beklagen und schimpfen: über ihre Situation, über die Kolleginnen, über die hohe Belastung. Aber sie übernehmen nicht die Verantwortung dafür. Es kommt mir oft so vor, als wäre die Welt überbevölkert mit großen verwöhnten Kindern, die sich gegenseitig anmeckern und jedes den anderen überzeugen wollen, dass es ihm am schlechtesten geht."

„Schaffst du das denn, immer die Wahl aus deinem besseren Selbst zu treffen?", fragte ich provokativ zurück. Irgendwie hatte sie recht, aber es schien mir trotzdem so unrealistisch, was sie da verlangte.

Leila dachte lange nach. „Ich schaffe es jede Minute, jede Stunde, jeden Tag immer wieder neu. Und oft genug schaffe ich es auch nicht, aber ich bin mir dessen bewusst, dass ich wirklich bei allen kleinen Dingen des Tages die Wahl habe. Jeder Tag ist für mich wie ein großes Spielfeld oder eine weite Glückswiese. Ich darf mich jeden Tag neu darin ausprobieren. Auch heute Morgen hatte ich die Wahl, ob ich ein mahnendes Gespräch mit dir führe oder ob du in unser Programm aufgenommen wirst. Und als ich deine Schuhe sah, war mir klar, dass ich die Frau mit diesen Schuhen unbedingt kennenlernen wollte."
Nun errötete ich geschmeichelt.

„Apropos Programm. Ich habe noch eine letzte Überraschung für dich vorbereitet. Ich glaube, alle warten schon – außer du hast gerade zu unserem Thema mit den Entscheidungen, Gewohnheiten und Verantwortung noch Fragen."
„Nein, vielen Dank, ich habe definitiv genug zum Nachdenken."
„Und du weißt, solltest du da noch etwas nachfragen wollen – dein kleines Buch steht dir gerne zur Verfügung."
„Ja, ich denke, wir kommen zusammen klar", sagte ich schnell. Ich war schon ganz aufgeregt, was nun noch auf mich warten würde und hatte wirklich genug von dem vielen Reden. Das musste jetzt erst mal sacken. Wenn es stimmte mit dem täglichen Spielfeld, hatte ich ja noch ein ganzes Leben dafür vor mir!
„Dann darf ich dich bitten, deine Sachen hier zu packen und mir unauffällig zu folgen."

Ich packte die Geschenke in meinen Shopper, steckte auch meine alten Schuhe hinein und sah mich noch mal ganz bewusst in dem großzügigen Büro um. Wer weiß, ob ich jemals wieder hier sein würde.
Wir fuhren mit dem Aufzug nach unten. Das Kaufhaus hatte inzwischen geschlossen. Draußen war es dunkel, es musste also nach 21.00 Uhr sein. So langsam sehnte ich mich nach Hause, nach meiner Familie. Für eine Weile eine Kaufhausprinzessin zu sein fühlte sich toll an, aber auf Dauer war das keine Rolle für mich.
Leila lächelte mich an. „Kaufhausprinzessin, das wäre ein toller Titel für unser Programm findest du nicht?" Ich nickte. Das würde mir aber nicht fehlen, dass sich Leila immer wieder in mein Gehirn einklinkte ...

Wir stiegen in der Damenabteilung aus. Dort schien es etwas zu feiern zu geben. Viele Angestellte hatten es sich auf Stühlen bequem gemacht, tranken Sekt und es war ein kleiner Laufsteg aufgebaut. Ich erkannte den Security-Mann, der mir zuzwinkerte. Hannah nickte mir zu und sagte: „Gut, dass ihr enndlisch kummt, es wird Zeit."
Leila fauchte sie an: „Gute Prozesse brauchen halt ihre Zeit, gell Hannah, ganz wie in der Küche."
Na, die beiden waren ja gute Freundinnen. „Darf ich dich den kundigen Händen meiner Kollegin Madeleine übergeben? Ich warte dann hier vorne mit den anderen", fragte Leila.
Mir fuhr der Schreck in den Bauch. War es das, wonach es aussah? War ich es etwa, auf den sie hier alle warteten? Mein innerer Dinosaurier sprang an und ich spürte einen starken Fluchtimpuls. Leila hatte mich aufmerksam

beobachtet und trat nun zu mir. Leise sagte sie: „Wie innen, so auch außen. Nimm es als Unterstützung, wie du das, was du heute gelernt hast, mit in deinen Alltag nehmen kannst. Die neuen äußeren Hüllen werden dir helfen, dein größeres Selbst an den Start zu lassen." Sie legte ihre Hand beruhigend auf meinen Unterarm. „Lass dich beschenken. Es ist alles gut!"
Ich nickte tapfer und Madeleine, eine hübsche Frau mittleren Alters mit einem akkuraten Pagenschnitt und tadelloser Figur, kam mit beiden Händen ausgestreckt auf mich zugeeilt. „Nina, wie schön, Sie zu sehen. Kommen Sie mit und lassen Sie sich von nichts und niemand hier stressen. Das ist nur unser wöchentliches Get together. Vergessen Sie die Leute hier erst mal. Ich darf Ihnen Petra, unsere Visagistin, vorstellen, die Ihr Make-up ein wenig auffrischen wird. Ich warte hier auf Sie."

Petra sah aus wie ein lustiger Vogel mit bunten Haaren, Piercings und schwarzen Klamotten, aber irgendwie doch sehr schick, sie hätte ich hier nicht erwartet. „Setz dich", duzte sie mich unbekümmert und wendete mein Gesicht vor dem Spiegel sanft hin und her. „Schließ einfach die Augen und lass dich überraschen."
Ich schüttelte den Kopf. „Nein, ich will lieber gucken, was du machst, vielleicht kann ich was lernen."
„Gut, ganz wie du willst. Du bekommst alle Produkte mit eingepackt, wenn sie dir gefallen."
„Und ich wollte noch sagen, dass ich nicht auf Make-up stehe, das mich ganz zukleistert, ich habe dann das Gefühl, dass ich keine Luft bekomme, weißt du."

Sie nickte und lächelte. „Also nur was ganz Leichtes, versprochen." Sie reinigte mein Gesicht mit einer erfrischenden Lotion. Danach massierte sie mir eine leichte Creme ein, die aber meinen Teint ebenmäßiger erscheinen ließ. Dann schminkte sie meine Augen in Windeseile, dass ich kaum bei ihren Anweisungen „Augen zu. Nach oben gucken." hinterherkam. Dabei verwendete sie zwei verschiedene Lidschatten, Concealer gegen meine Augenringe, packte meine Wimpern in die Wimpernzange und tuschte sie zweimal, strich etwas Rouge auf und drückte mir zum krönenden Abschluss einen weinroten Lippenstift in die Hand. „Probier mal."
Ich trug ihn brav auf und lehnte mich zurück. Gar nicht übel, mein Spiegelbild. „Ja, super!", sagte ich.
„Zu viel?" Petra schien eine Frau der wenigen Worte zu sein.
Ich schüttelte den Kopf und strahlte sie an.

Madeleine klatschte erfreut in die Hände. „Sie haben so ein wunderschönes Gesicht, dann mal los! Jetzt bin ich an der Reihe. Ich habe da etwas für Sie vorbereitet." Sie führte mich in ein großes luxuriöses Ankleidezimmer, das nichts mit den üblichen Kaufhaus-Umkleidekabinen zu tun hatte. Auf einem Ständer hing eine Reihe an Kleidern und Kombinationen. Auf einem Sessel lagen einige Oberteile. Sogar Dessous und Nylonstrümpfe konnte ich erkennen. Auch ein Ensemble an Accessoires hatte sie bereitgelegt. Ich blieb verblüfft stehen. Alles, was ich sah, war ein Traum. Genauso würde ich mich anziehen, wenn ich etwas davon verstehen würde. Da gab es lockere Teile, die sicher weich meine Problemzonen überspielen würden, aber auch

Oberteile in kräftigen, fröhlichen Farben. Ich befühlte ehrfürchtig ein paar Stoffe und war begeistert von der Auswahl, Leinen, Viskose, Tencel in Jeansoptik bis hin zu feinen Baumwollgemischen.

„Womit möchten Sie anfangen?"
Ich stotterte: „Aber ist denn das alles in meiner Größe, woher wissen Sie …?"
„Ach, wissen Sie, es gibt das Telefon und Leila ist gut geschult in diesen Dingen."
Ja, natürlich, Leila konnte einfach alles und war nicht untätig gewesen in meiner Abwesenheit. Ich war schlichtweg überwältigt und merkte, wie mir die Knie weich wurden. Dieser Tag war schon so wunderbar und jetzt das noch. Nun fühlte ich mich wirklich wie eine Prinzessin. Ich deutete stumm auf ein Kleid, das mir mit seinem fröhlichen Streifenmuster sofort ins Auge gefallen war.
Madeleine half mir beim Anziehen und es fühlte sich gar nicht peinlich an. Zum Schluss stieg ich wieder in meine D'Orsays, die gut mit dem Kleid harmonierten, und drehte eine kleine Pirouette vor dem Spiegel. Nun, tatsächlich konnte ich mir so mein bestes Selbst in diesem Kleid viel klarer vorstellen. Was so ein paar Kleidungsstücke ausmachten!

Madeleine wies mit einem kleinen Lächeln auf einen Vorhang. „Darf ich bitten."
Sofort landete ich wieder auf dem Boden der Tatsachen.
„Oh nein", mir wurde siedend heiß. Wenn es das war, wonach es aussah. Ich sollte auf diesen Laufsteg vor der versammelten Belegschaft – niemals!

Da klopfte Leila an die Tür, als hätte sie meine Unsicherheit gerochen. „Nina, du bist nicht mehr die Frau von heute Morgen, die hier keinen Schritt auf unseren kleinen Laufsteg gehen würde. Du hast heute schon einige Mutproben hinter dir und wenn ich mich richtig erinnere, dich jedes Mal großartig gefühlt danach. Komm, Brust raus, Schultern nach hinten und los geht's!" Sie hielt mir den Vorhang ein wenig zur Seite.

Ich holte tief Luft, stieß sie kraftvoll wieder aus und schritt durch den Ausgang des Ankleidezimmers auf den kleinen Steg, lief nach vorne, drehte mich einmal im Kreis und lief wieder zurück. Ganz entfernt wie mit einem Schalldämpfer hörte ich Applaus und einige Fotoblitzlichter blendeten mich. Was ich allerdings am meisten wahrnahm, war das Kribbeln, das meinen ganzen Körper energetisierte. So lebendig hatte ich mich schon ewig nicht mehr gefühlt, ich war wie berauscht. Schon waren Madeleine und Leila bei mir, zogen mir das Kleid über den Kopf und halfen mir in einen toll geschnittenen Hosenanzug. Madeleine ergänzte ihn durch ein rotes Seidentuch und ein paar dicke Ohrringe und schon zogen sie mich wieder in Richtung Laufsteg. Es rauschte in meinen Ohren und kurz befürchtete ich, ohnmächtig zu werden, wusste aber gleichzeitig, dass ich genau hier und nirgendwo anders sein wollte.

Nach einigen Durchläufen kam mir das Zeitgefühl abhanden. Ich wusste nicht mehr, wie oft ich draußen gewesen war und wie viele tolle Klamotten ich präsentiert hatte. Alles passte wie angegossen. Wie ich mich sonst abquälte beim Einkaufen mit zwickenden Bündchen, zu engen

Hosenbeinen und Stoffen, die meine Haare zu Berge stehen ließen. Ich fühlte mich wirklich zutiefst beschenkt, dass mir mal jemand diese Last abgenommen hatte.

Zum Schluss traten Madeleine und Leila mit mir auf den Laufsteg, alle Mitarbeiterinnen und Mitarbeiter standen auf und klatschten wie verrückt. Ich konnte es nicht fassen, dass ich es war, die sie feierten. Ich, die langweilige Mutter mit dem langweiligen Halbtagsjob in ihrer langweiligen Ehe. Irgendjemand drückte mir ein Glas Champagner in die Hand und alle stießen auf mich an. „Auf Nina", hörte ich überall. „Auf die neue Nina", sagte Leila leise. Wir umarmten uns. Und was ich niemals gedacht hätte, ihre Umarmung fühlte sich fast mütterlich an. Ich hätte fast wieder geweint, biss mir aber auf die Zunge, weil ich Angst um mein Make-up hatte. Leila und ich gingen zurück in das Ankleidezimmer, wo ich mich erschöpft in einen Sessel fallen ließ.

X

Begegne deinem Leben und deinen Lieben jeden Tag mit großer Liebe und Dankbarkeit.

„Wow", sagte ich leise, „was für ein Tag!"

Leila lächelte. „Komm, Nina, Madeleine packt deine Sachen ein."

Beladen mit drei großen Einkaufstaschen voll wunderbarer Kleidungsstücke, deren Wert sicher mehrere unserer Ratenzahlungen überstieg, traten wir aus dem Ankleidezimmer. Die meisten Mitarbeiter waren inzwischen gegangen, die letzten Stühle wurden weggeräumt. Wir gingen zum Aufzug.
Ich wusste nicht, was ich sagen sollte, denn alles schien mir zu wenig zu sein für das Geschenk, das mir hier und heute gemacht worden war.
Leila verstand mich zum Glück auch so. „Du musst nichts sagen. Ich danke dir, dass du heute da warst: für deinen Mut, deine Lebensfreude und deine Geduld, heute mit mir den Tag zu verbringen."
Jetzt bedankte sie sich auch noch bei mir, das war nicht zu fassen.
Ich umarmte sie so fest ich konnte. „Leila, du bist die Größte. Ich werde dich nicht enttäuschen."

Sie lächelte und sagte: „Ich weiß." Dann gab sie sich einen Ruck und schon veränderte sie sich wieder zurück in die distanziertere Leila. „Hier wartet ein Wagen auf dich. Dein Auto kannst du morgen holen, es steht gut bei uns."
Ich warf ihr einen Handkuss zu und stolzierte mit meinen vielen Taschen auf die weiße Limousine zu, die eher wie der Wagen eines Escort-Services aussah als ein Taxi. Der natürlich gut aussehende Fahrer mit Chauffeursmütze hielt mir zuvorkommend die Tür auf. Während der Wagen anrollte, winkte ich Leila, bis ich sie nicht mehr sehen konnte. Sie wirkte wie eine dunkle Fee aus einer anderen Welt, als sie da so alleine in der Dunkelheit stand. Aber da konnte ich nicht lange darüber nachdenken, weil ich schon ganz gespannt war, meine Erlebnisse jetzt gleich mit meiner Familie zu teilen.

Schon bald tauchten die ersten Reihenhäuser und Doppelhaushälften unserer Siedlung auf und ich freute mich tatsächlich über jeden Vorgarten, die herumliegenden Spielgeräte und Kinderfahrzeuge, als wäre ich sehr lange weggewesen. Wir hielten vor unserem Reihenhaus, dessen Fenster mich mit warmem Licht willkommen hießen. Der Fahrer hielt mir erneut die Tür auf und half mir mit meinen Taschen. Zum Schluss nahm er noch eine Tasche aus dem Kofferraum, in der ich drei Geschenke entdeckte. Die waren sicher für meine Lieben. Dieser Service war wirklich umfassend, ich wunderte mich inzwischen über nichts mehr.
Ich klingelte, ohne daran zu denken, dass die Kinder vermutlich schon schliefen. Finn öffnete mir und schaute mich fassungslos an.

„Schöne Frau, wo kommen Sie denn her?" Ich küsste ihn stürmisch und merkte, wie er mich mit neuer Aufmerksamkeit ansah, sodass es ein bisschen in meinem Bauch zu kribbeln begann. Finn war schon mein Typ und sah immer noch gut aus mit seinen graumelierten Schläfen und den freundlichen braunen Augen. „Komm rein, ich habe schon auf dich gewartet. Sie haben gesagt, dass es eine Weile dauern würde. Als ich aber nachgefragt habe, was sie so lange von dir wollen, habe ich keine Antwort bekommen. Also, wo warst du eigentlich genau heute?"

Ich schob ihn vor mir her ins Wohnzimmer. „Das ist eine lange Geschichte."
Auf dem Esstisch standen zwei schon halb heruntergebrannte Kerzen und Finn hatte gedeckt. Es gab Kartoffelsalat und Würstchen, sein Standardessen, auf das ich plötzlich richtig Lust bekam, als hätte ich den ganzen Tag nichts gegessen und getrunken. „Was ist denn hier los?", fragte ich verwundert. Denn eigentlich kochte Finn „sein" Gericht nur an unserem Hochzeitstag.
„Hast du es vergessen?", fragte er eingeschnappt. „Heute auf den Tag sind wir zehn Jahre verheiratet."
Ganz schuldbewusst starrte ich auf den Boden. Mist, wie konnte das passieren. Sonst war immer ich es, die diesen Tag so hochhielt. Da fiel mein Blick auf die Geschenketüte. Es gab ein kleines dunkel verpacktes, die anderen beiden waren eindeutig für die Kinder. Also griff ich erleichtert danach. „Hier, entschuldige, wenigstens eine Kleinigkeit für dich."

Er wickelte das Geschenk aus und ich staunte nicht schlecht, als er ein Büchlein ähnlich meinem, aber in wunderschönem Dunkelgrün schimmernd mit einem ebenso edlen Füller in den Händen hielt. Ein bisschen enttäuscht sah er mich an. „Ein Tagebuch für mich? Aber du weißt schon, dass ich nicht der große Schreiberling bin?" Ich merkte, wie meine Euphorie ein wenig abkühlte.

„Keine Sorge, das ist kein langweiliges Tagebuch, aber das erklär ich dir später. Auch über den Kartoffelsalat werde ich später herfallen." Ich näherte mich ihm ganz langsam wie eine Raubkatze, ohne ihn aus den Augen zu lassen. Sofort schien sich der Raum zwischen uns aufzuladen. Er stand einfach nur da und sah mich an. Ich umarmte ihn und nahm jetzt erst die sanfte Musik wahr, die er aufgelegt hatte. Wir bewegten uns langsam zur Musik und sahen uns an, als sähen wir uns zum ersten Mal. Er fuhr mir zärtlich durch die Haare. „Was ist mit meiner Nina passiert?"

„Sie ist da, hier vor dir, siehst du sie nicht?"

„Sie hat etwas an sich, das mich ganz verrückt macht", seufzte er.

„Tu dir nur keinen Zwang an", nuschelte ich und küsste ihn mit all der Leidenschaft, die ich heute neu an mir entdeckt hatte.

Da schob sich etwas zwischen uns, und zwar ganz und gar nicht zärtlich. Lasse maulte von unten: „Ich kann nicht schlafen. Gut dass du wieder da bist, Papa hat mich schon ganz früh ins Bett gesteckt, darf ich noch fernsehen?"

Ich atmete tief durch. So schnell hatte mich die Realität wieder. Eben hatte ich mich noch darauf gefreut, jetzt gleich den besten Sex meines zehnjährigen Ehelebens zu haben. Finn und ich sahen uns mit verzweifelten Blicken

an. Er murmelte: „Ich bereite schon mal alles vor, kommst du gleich?" Ich nickte schmunzelnd und kniete mich dann vor meinen kleinen Lasse. Während ich seinen dünnen Jungenkörper umarmte und seinen Duft einatmete, stieg eine Flutwelle an Dankbarkeit in mir auf. Dankbarkeit für alles, was ich hatte und wie mein Leben war in aller seiner Bescheidenheit und in all seiner Großartigkeit.
„Komm Lasse, ich bring dich wieder ins Bett", krächzte ich.

Liebe Marie,

nun komme ich endlich dazu, meinen kleinen Brief an dich zu beenden. Du kannst dir vorstellen, dieser Tag im Kaufhaus war wie ein neuer Anfang für mich. Danach war in meinem Leben sicher nicht gleich alles in Butter. Wir hatten auch unsere Probleme, dein Vater und ich, und auch mit euch war es nicht immer einfach. Ich erinnere mich nur daran, als du ganze zwei Jahre lang die größte Zicke vor dem Herrn warst ... Aber ich habe mich täglich an die Gespräche und Erlebnisse mit Leila erinnert. Immer wieder fiel mir etwas aus diesem Tag ein, das mir im konkreten Alltag weitergeholfen hat, mich zu der Frau zu entwickeln, die ich heute bin.

Ich war mehrfach in diesem Kaufhaus, auch um mich noch mal mit einem großen Blumenstrauß zu bedanken, aber von Leila fehlte jede Spur. Kein Mitarbeiter konnte sich an sie erinnern und der Geschäftsführer behauptete, er hätte nie eine Person dieser Beschreibung eingestellt. Der Aufzug hatte plötzlich nur noch sechs Stockwerke, alles sehr sonderbar.

Also, nimm alles, was du hier liest wie ich als einzigartiges und einmaliges Geschenk. Ich hoffe, du findest ein paar Dinge in meinen Aufzeichnungen, die dir helfen, dein Leben glücklich und erfüllt zu gestalten. Und wenn du mal nicht mehr weiterweißt, schreib es in das Büchlein. Es gibt noch einige leere Seiten und schau selbst, was dann passiert.

*Ich drücke dich ganz herzlich,
deine Mamanina*

NINAS LEBENSREGELN

Ausbrechen

1. Brich mal wieder aus deinem Leben aus und trau dich was.

Annehmen

2. Nimm dankbar an, was das Leben dir in den Weg stellt und an Möglichkeiten bietet.

Nach innen gehen

3. Geh gelegentlich in dich und überlege dir, was du wirklich, wirklich willst. Denke von der Zukunft her.

Loslassen

4. Lass los, was dich belastet, und lass dir dabei helfen.

Mich konfrontieren

5. Überprüfe deine inneren Botschaften, die dich belasten und erzähl dir deine Geschichte neu.

Genießen

6. Lass dir das Leben mit allen Sinnen schmecken. Sei offen und entscheide erst danach.

Ängste überwinden

7. Springe täglich über deinen Schatten und nutze deine Ängste als Wegweiser für dein Wachstum.

Verantwortung übernehmen

8. Übernimm Verantwortung und gestalte mit jeder kleinen Entscheidung dein Leben so, wie du es haben willst.

Jetzt schon umsetzen

9. Zeige im Äußeren, wie du dich innerlich fühlen willst. Lass schon jetzt dein größeres Selbst strahlen.

Dankbar leben

10. Begegne deinem Leben und deinen Lieben jeden Tag mit großer Liebe und Dankbarkeit.

Willst du deine innere Schönheit entdecken?
Hast du Sehnsucht nach einem Neustart im Leben?

www.meinberufsweg.de/schoenheit

An diesem VIP-Tag lässt du es dir gut gehen:

I
Wir entdecken deinen inneren Genius. Das ist dein innerer Kompass, mit dem du weißt, wofür du im Leben stehst. Damit kannst du deine Schönheit von innen nach außen strahlen lassen und entwickelst eine klare Präsenz.

II
Mit diesem persönlichen Leitsatz räumen wir deine verschiedenen Lebensbereiche auf. Wir identifizieren deine Veränderung mit der größten positiven Auswirkung auf dein ganzes Leben.

III
Dann gehen wir gemeinsam zum Business-Lunch und lassen uns in der Neckargemünder Altstadt kulinarisch verwöhnen.

IV
Wir befassen uns sanft und effektiv mit deinen Veränderungsängsten, damit der Weg frei wird für dein neues Leben.

V
Wir planen deine nächsten Schritte, damit du sicher weißt, wie du deinen Neustart in den kommenden Monaten durchführen kannst.

VI
Wir verankern deine neue Lebenseinstellung und deine konkreten Lebenspläne auf Wunsch auch körperlich mit einer wohltuenden Veränderungsreiki-Behandlung.

VII
Abschließend kannst du den Tag mit einer Wanderung nach Heidelberg für dich abrunden, um die Ergebnisse sacken zu lassen und deine Kreativität und Kraftquellen durch Waldbaden neu aufzuladen.

Oder du lässt dich durch die Gassen der Heidelberger Altstadt treiben und genießt dein neues Lebensgefühl.

Auch sehr gut als Geschenk für einen besonderen Anlass geeignet!

Ich freue mich darauf, dich kennenzulernen!
Schreib mir einfach eine E-Mail an mn@meinberufsweg.de

Dr. Martina Nohl arbeitet als Laufbahnberaterin und Veränderungscoach in der Nähe von Heidelberg im schönen Neckartal.
Sie unterstützt Menschen darin, ihren inneren und äußeren (beruflichen) Platz zu finden.

„Viele Dinge klären sich von selbst, wenn Menschen ihr ‚Warum'
gefunden haben. Das jeden Tag neu zu erleben, ist einfach wundervoll."

Alle Rechte vorbehalten
© 2019 Martina Nohl, 69151 Neckargemünd
Verlag und Herstellung: Books on Demand GmbH, Norderstedt
Illustrationen: *Stephanie Abele*
Satz und Layout: *Martina Nohl*

ISBN: 978-3-7322-5563-4

Alle Angaben in diesem Buch wurden sorgfältig kontrolliert. Weder Autorin noch Verlag können jedoch für Schäden haftbar gemacht werden, die in Zusammenhang mit der Verwendung dieses Buches entstehen.
Bibliografische Information der Deutschen Nationalbibliothek. Die Deutsche Nationalbibliothek verzeichnet diese Publikation in der Deutschen Nationalbibliografie; detaillierte bibliografische Daten sind im Internet über http://dnb.d-nb.de abrufbar.